Les folles Aventures de la Mythologie grecque

Édition originale :

www.salariya.com

Textes : John Malam, James Ford, Sue Reid, Peter Hepplewhite
Illustrations : David Antram, Peter Rutherford, Mark Bergin
Edition : Michael Ford

Édition française :

www.casterman.com

Traduction : René Ponthus

Adaptation graphique : Petit Scarabée

ISBN 2-203-18921-5

Dépôt légal : septembre 2006. D.2006/0053/403

Déposé au ministère de la Justice, Paris (loi n° 49.956 du 16 juillet 1949 sur les publications destinées à la jeunesse).

Imprimé en Belgique.

Les folles Aventures de la Mythologie grecque

casterman

sommaire

Le monde de la mythologie grecque

La civilisation grecque de l'Antiquité est l'une des plus grandes que le monde ait jamais connues. Elle atteignit son apogée au Ve siècle av. J.-C., il y a près de 2500 ans.
Nous devons beaucoup aux anciens Grecs. Ils furent de grands savants, des mathématiciens, des écrivains, des philosophes. Ils furent aussi de merveilleux conteurs d'histoires. Beaucoup de leurs récits sont des poèmes, longs parfois de plusieurs milliers de vers. Les Grecs composent des poèmes sur tout ce que peuvent vivre les hommes : l'amour, l'amitié, la guerre, la vengeance, le voyage, les événements historiques. Les plus célèbres des poèmes qui nous sont parvenus sont des récits épiques dans lesquels dieux, héros et monstres affrontent les plus terribles épreuves.

À l'origine, toutes ces histoires, bien que très longues, sont transmises oralement de génération en génération. Ceux qui les racontent sont des conteurs itinérants qui se rendent dans les villes du monde grec. On les appelle *rhapsodes*, ce qui signifie « ceux qui cousent les chants ». Quand un rhapsode, de sa voix claire et forte, dit ou chante une histoire, il l'arrange avec d'autres de manière à ce qu'il y ait un début, un milieu, une fin. Il ne manque pas d'ajouter mille détails, tantôt cruels, tantôt comiques, tant les Grecs se divertissent des exploits de leurs divinités : dieux qui s'éprennent de jolies mortelles, déesses qui interviennent dans les luttes humaines… Pourtant, chacun se doit de manifester un certain respect car, lorsqu'ils sont offensés, les dieux peuvent infliger de terribles châtiments aux humains.

À la différence des dieux de l'Égypte ancienne, mi-hommes mi-animaux, les dieux grecs sont anthropomorphes, c'est-à-dire semblables aux êtres humains. Ils et elles vivent une enfance, une jeunesse, des aventures héroïques ou amoureuses, ont eux-mêmes des enfants. Ils éprouvent des sentiments identiques à ceux des hommes – colère, amour, haine, jalousie, amitié… et, comme les hommes, possèdent des qualités mais aussi des défauts. Zeus et Aphrodite sont infidèles, Arès est brutal, Hermès voleur, Héra jalouse et rancunière…

Mais la ressemblance s'arrête là. Les dieux sont éternellement jeunes et, pour tout dire, immortels. Ils ignorent la faim, la soif, la fatigue et résident sur l'Olympe où ils festoient en écoutant le chant des Muses. Ils possèdent des pouvoirs exceptionnels, maîtrisent les éléments, se déplacent à des vitesses inimaginables, peuvent se rendre invisibles et modifier à volonté leur apparence. Au cours de ses nombreuses aventures amoureuses, Zeus prend ainsi la forme d'un aigle, d'un taureau blanc, d'un cygne, d'une fine pluie d'or…

Entre les hommes et les dieux, les Grecs placent les héros. Ce ne sont pas des hommes ordinaires, car leurs pouvoirs exceptionnels leur permettent de vivre des aventures hors du commun. Ce ne sont pas des dieux, car ils sont mortels. Certains sont toutefois des « demi-dieux » issus de l'union entre dieux et mortels : c'est le cas de Persée, fils de Zeus et de Danaé, princesse d'Argos. Il arrive qu'ils soient divinisés

après leur mort, comme Héraclès, et fassent l'objet d'un culte. Il existe un nombre impressionnant de légendes mettant en scène des héros auxquels on a attribué toute une série d'aventures et d'exploits.

Par exemple, Thésée, héros athénien, tue de nombreux criminels avant d'affronter victorieusement le Minotaure de Crète. On le retrouve ensuite combattant les Amazones, puis les centaures. Jason, héros de Thessalie, embarque à bord de la nef *Argo* avec ses compagnons, les Argonautes, et va jusqu'en Colchide, au fin fond de la mer Noire, chercher la fabuleuse Toison d'Or. Persée, équipé d'un casque qui rend invisible et de sandales ailées, parvient à décapiter la Gorgone Méduse, dont un seul regard suffisait à changer les hommes en pierre. Il délivre ensuite la belle Andromède, en tuant le monstre marin auquel elle avait été donnée en sacrifice. Œdipe, héros de Thèbes, parvient à résoudre l'énigme du Sphinx, provoquant ainsi la mort de ce monstre mangeur d'hommes…

L'imagination fertile des Grecs a donné naissance à de nombreux monstres. Certains sont de simples êtres hybrides, comme les centaures, mi-hommes mi-chevaux, les satyres, au buste d'homme et aux pattes de bouc, ou les sirènes, mi-femmes mi-oiseaux, dont le chant mélodieux ensorcelle les marins. Il y a aussi des animaux fabuleux, comme la biche aux pieds d'airain ou le lion de Némée, à la peau impénétrable. La mère de ce dernier, Échidna, dont le buste de nymphe s'achève par une queue de serpent écailleuse, a donné naissance à plusieurs autres monstres : le Sphinx au visage de femme, au corps de lion et aux ailes d'oiseau, Cerbère, gardien des Enfers, l'Hydre de Lerne, serpent aux neuf têtes qui repoussent quand on les coupe, la Chimère, dont le corps de lion est surmonté d'une tête de chèvre et a pour queue un serpent. Quant aux sœurs aînées des Gorgones, les trois Grées, elles ne possèdent qu'un seul œil et qu'une seule dent, qu'elles utilisent à tour de rôle ! On s'en rend compte, on ne risque pas de s'ennuyer en compagnie de pareilles créatures. Alors, bonne lecture !

Jason et les Argonautes

Quelques héros de cette histoire

JASON

Fils de roi, élevé par un centaure, Jason fait face à Pélias qui a usurpé le trône de son père. Un grand voyage, d'immenses dangers et de formidables exploits l'attendent à chaque page. Une toison d'or, ça se mérite…

HÉRACLÈS

Interrompant un instant les douze travaux qui vont le rendre célèbre, Héraclès (que les Romains nommeront Hercule) accompagne les Argonautes au début de leur voyage. Saura-t-il les faire profiter de sa force extraordinaire ?

PÉLIAS

Occupant un trône auquel il n'avait pas le droit, cet homme n'a qu'une idée en tête : éliminer tous ceux qui ont une bonne raison de le détrôner. Mieux vaut qu'il le sache : les soucis ne vont pas lui manquer.

ORPHÉE

Fils de la muse Calliope, c'est le plus grand poète légendaire de la Grèce. Sa lyre et son chant vont accomplir les plus grands prodiges. Cela suffira-t-il pour échapper aux dangers du voyage et conquérir la Toison d'Or ?

CHIRON

Voilà un centaure pas comme les autres. Doux et savant, habile médecin, bon musicien, il se charge de l'éducation de nombreux héros. Pour son plus grand profit, Jason figure parmi les élèves de ce grand pédagogue.

MÉDÉE

Fille du roi de Colchide, elle est d'abord une redoutable magicienne, experte en sortilèges, philtres et poisons. Mais quand Jason et les Argonautes se présentent à la cour de son père, c'est d'amour qu'il va s'agir…

Dis-nous, conteur…

Bienvenue à vous, citoyens. Installez-vous autour de moi. Je suis le rhapsode, celui qui raconte les histoires. Voici celle d'un garçon né pour être roi, et qui pourtant fut cruellement privé de ce droit. Il se nommait Jason, et la clé de son avenir se trouvait au-delà des mers, dans le lointain pays de Colchide. C'est là qu'il trouverait la fabuleuse Toison d'Or, l'étincelante fourrure d'un bélier qui pouvait voler et parler ! Sa mission était de s'emparer de la Toison et de la rapporter. S'il y parvenait, il deviendrait roi. Mais quand son navire disparut à l'horizon, absolument personne ne pensait revoir Jason vivant. Ouvrez toutes grandes vos oreilles et écoutez-moi !

Un garçon nommé Jason

Mon histoire commence à Iolcos, une ville située sur la côte de la mer Égée, dans le royaume de Thessalie. Iolcos avait été fondée par le roi Créthée. Celui-ci avait promis qu'à sa mort son fils Aeson hériterait du trône et deviendrait roi. Créthée avait un autre fils, Pélias, demi-frère d'Aeson et plus jeune que lui. Aeson ignorait que Pélias était décidé à s'emparer du trône. Ce qu'il fit dès la mort de leur père, en se proclamant souverain de Iolcos. Mais Pélias, qui craignait d'être entouré d'ennemis, consulta un oracle pour connaître son destin. Il apprit ainsi le châtiment qui l'attendait pour avoir usurpé le trône de Iolcos : il serait tué par un membre de la famille royale. Le cruel Pélias tenta alors de changer l'avenir et tua tous ses proches pour n'avoir rien à craindre. Bientôt, il ne resta plus que le fils d'Aeson et d'Alcimédé, un petit garçon nommé Jason.

Pélias

Alors que Pélias n'était encore qu'un tout petit enfant, il fut frappé au visage par le sabot d'un cheval. Il garda sur la joue une marque violette. Ce genre de tache étant appelé *pelion*, il reçut le nom de Pélias.

Les oracles prédisent l'avenir

Les Grecs interrogeaient les oracles pour connaître l'avenir et se préparer à ce qui devait arriver. Des prêtres ou des prêtresses transmettaient aux hommes les messages des dieux. Tout pèlerin, comme Pélias, se rendait au lieu où on délivrait l'oracle et posait une question. La réponse passait pour être celle d'un dieu.

Pélias tua-t-il Aeson ?

Non, du moins pas tout de suite... Pélias épargna son demi-frère et le garda prisonnier dans une pièce du palais royal d'Iolcos.

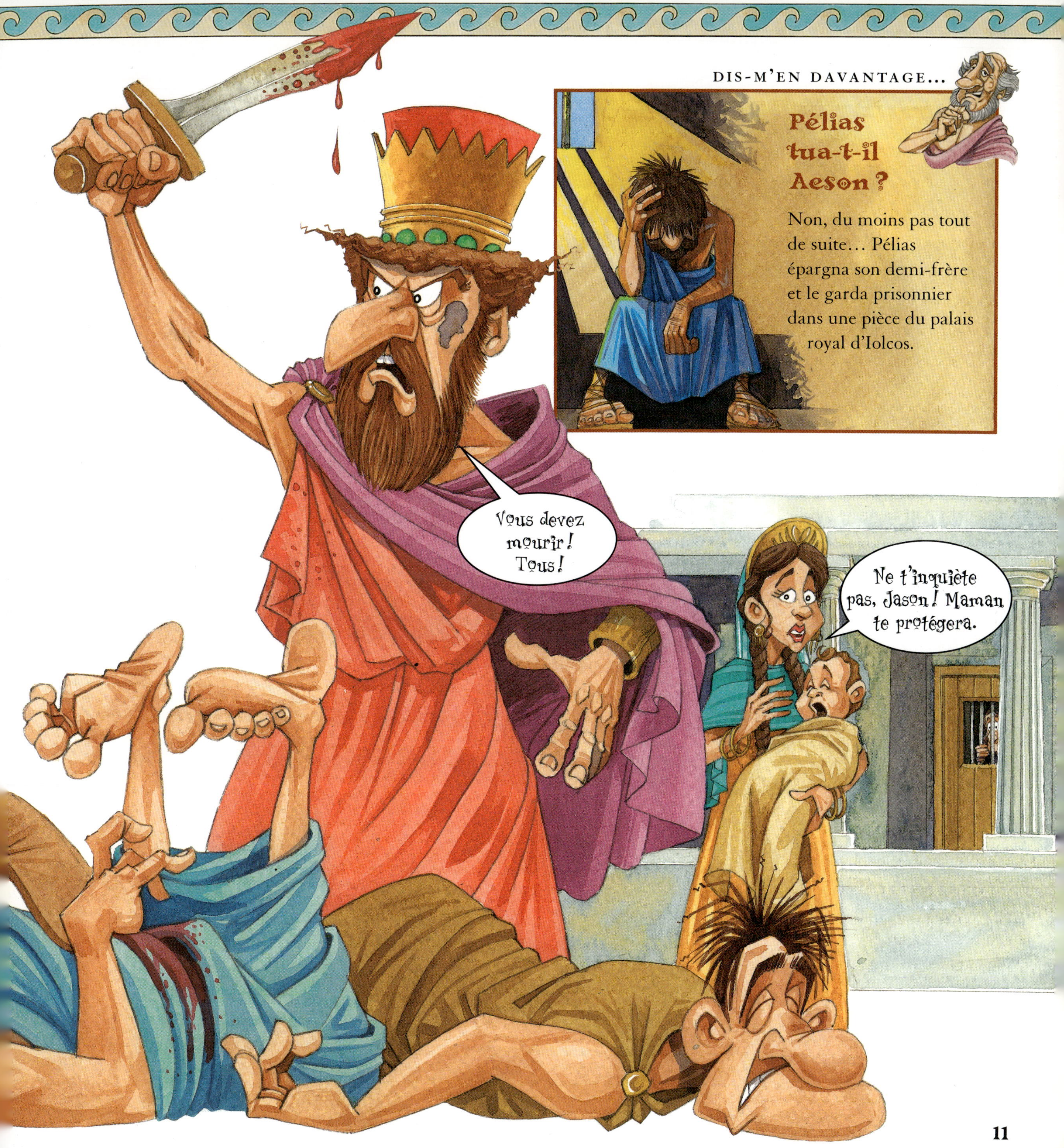

Élevé par un centaure

Le devoir d'une mère est d'empêcher qu'il arrive du mal à son enfant, et c'est ce que fit Alcimédé. Elle prétendit que le petit garçon venait de mourir, alors qu'il n'était qu'endormi. Quand Pélias vint tuer Jason, il trouva Alcimédé et d'autres femmes penchées sur le corps de l'enfant. Elles pleuraient, se frappaient la poitrine et s'arrachaient les cheveux. C'est ainsi que les femmes manifestaient leur douleur quand elles avaient perdu un être cher. Pélias se laissa tromper par cette ruse. Il permit à Alcimédé de quitter Iolcos afin d'enterrer Jason en dehors de la ville, selon la coutume. Alcimédé emmena Jason sur le mont Pélion, la plus haute montagne de Thessalie, et le confia au centaure Chiron. Celui-ci ne ressemblait pas aux autres centaures. Ses membres antérieurs étaient ceux d'un homme et non ceux d'un cheval. Chiron était sage et bon. Il éleva Jason, le nourrit de viande de lièvre et lui apprit tout ce qu'il savait. Il lui enseigna notamment la médecine et c'est pourquoi Jason fut surnommé « le Guérisseur » par certains de ses amis.

Les centaures

Les centaures vivaient au nord de la Grèce, dans des montagnes couvertes de forêts. C'étaient des monstres mi-hommes, mi-chevaux, carnivores, sauvages et indomptables. Grands amateurs d'alcool, ils en buvaient trop et devenaient fous furieux. Quand ils combattaient les mortels, les centaures les écrasaient sous des troncs d'arbres et des blocs rocheux.

DIS-M'EN DAVANTAGE...

Chiron apprit-il à Jason ce qu'avait fait Pélias ?

Quand il fut assez grand pour comprendre, Chiron révéla à Jason qu'il était le fils d'Aeson et que Pélias avait usurpé le trône. Jason décida alors de renverser Pélias et de le châtier.

Jason part pour Iolcos

Pour Jason, le moment était venu de quitter la retraite montagnarde où il vivait en paix. On lui avait appris à respecter ses aînés, mais il y avait un homme pour lequel il n'éprouvait que de la haine : Pélias, qui était roi et n'avait aucun droit de l'être. Sur la route de Iolcos, Jason fit la rencontre d'une vieille femme. Incapable de traverser les flots rapides de l'Anaurus, elle attendait sur la rive. Les passants ne lui prêtaient aucune attention. Seul Jason s'arrêta, lui proposant de l'aider. Mais alors qu'il lui faisait traverser la rivière sur son dos, il trébucha et perdit l'une de ses sandales. Jason l'ignorait, mais c'était la déesse Héra qui avait pris l'apparence de cette femme. Elle aussi voulait que Pélias soit puni, car il avait négligé d'accomplir des sacrifices en son honneur. Dorénavant, Héra protégerait Jason en toutes circonstances !

Jason rencontre Pélias

Un oracle avait averti Pélias de se méfier d'un homme qui n'aurait qu'une seule sandale. Or, un jour qu'il sacrifiait un agneau à Poséidon, dieu de la mer, Pélias aperçut dans la foule des spectateurs un grand jeune homme dont un seul pied était chaussé. Se rappelant l'oracle, Pélias lui demanda son nom. Le garçon répondit qu'il était Jason, fils d'Aeson.

DIS-M'EN DAVANTAGE...

Jason savait-il qu'il parlait à Pélias ?

Non, il ignorait l'identité de l'homme rencontré sur la plage. Pélias s'en aperçut et conçut un plan pour se débarrasser de Jason.

La mission de Jason

Pélias pensait connaître un moyen imparable pour se débarrasser de Jason. Il lui demanda ce qu'il ferait si un oracle l'avertissait de se méfier d'un étranger dangereux. Évidemment, Pélias pensait à la prophétie qui lui avait été faite. Mais Jason tomba dans le piège, car il ignorait qu'il avait affaire à Pélias. Le jeune homme réfléchit un moment avant de répondre. Il dit à Pélias qu'il demanderait à l'étranger d'aller chercher la Toison d'Or en Colchide. Mais ces mots étaient ceux d'Héra, parlant par sa bouche. La déesse mûrissait le plan qui devait perdre Pélias.

Pélias révéla alors qui il était. Jason, furieux, lui dit qu'il était venu reprendre le trône de Iolcos. « Eh bien, tu l'auras en échange de la Toison d'Or », répliqua le rusé Pélias. C'était une dangereuse mission pour un mortel et Pélias espérait bien que Jason y perdrait la vie.

La Toison d'Or

La Toison d'Or était la peau du bélier Chrysomalle et brillait de mille feux. Cet animal, ailé et doué de la parole, avait sauvé deux enfants en les emmenant en Colchide. Il y fut sacrifié pour remercier les dieux. Sa toison, suspendue à un arbre, était gardée par un serpent qui ne dormait jamais.

DIS-M'EN DAVANTAGE...

Où se trouve la Colchide ?

La Colchide était très loin de la Grèce, à l'extrémité orientale de la mer Noire, que les Grecs appelaient le Pont-Euxin. C'était une région isolée, entourée de montagnes.

Le rassemblement des Argonautes

Le défi de Pélias n'effraya pas Jason. Il lui fallait un navire exceptionnel pour gagner la Colchide. Il demanda à un artisan nommé Argus de le construire avec du bois venu des forêts du mont Pélion, là où Jason avait passé son enfance. Le bateau serait propulsé au moyen de rames maniées par un équipage de cinquante hommes. En dépit de son habileté, Argus ne put accomplir seul pareille tâche. La déesse Athéna vint à son aide. Elle dota le navire d'une figure de proue taillée dans un chêne consacré à Zeus. Douée de la parole, cette sculpture guiderait Jason au cours de sa mission. La nef fut appelée *Argo*, en l'honneur d'Argus. Un nom approprié, car il signifie « vitesse ». À l'appel de Jason, cinquante volontaires se présentèrent pour former l'équipage. Les « Argonautes » sont les héros de cette histoire. Dès l'aube, l'*Argo* mit cap à l'est, en direction de la Colchide.

Les femmes de Lemnos

La première escale de l'*Argo* fut l'île de Lemnos. Elle n'était peuplée que de femmes, qui avaient tué tous les hommes et s'étaient emparées de leurs armes. Quelques Argonautes tombèrent amoureux et souhaitèrent rester sur l'île, mais Héraclès, lui-même Argonaute, les fit revenir au navire.

DIS-M'EN DAVANTAGE...

Les présages étaient-ils favorables à Jason ?

Parmi les Argonautes se trouvait le devin Idmon. Il révéla à Jason que le voyage serait un succès, mais que lui-même, Idmon, n'y survivrait pas. Bien qu'ayant prédit sa propre mort, il n'en participa pas moins à l'expédition.

Jason tue le roi Cyzique

Poursuivant son voyage sur les flots bleus de la mer Égée, l'*Argo* franchit l'Hellespont, ce passage étroit qui sépare l'Europe de l'Asie, puis pénétra dans la mer de Marmara. Il fit escale au port de Cyzique, où les Argonautes reçurent un accueil chaleureux. Le roi Cyzique les invita aux fêtes qu'il donnait à l'occasion de son mariage. Mais de tragiques événements vinrent s'abattre sur eux. Les Argonautes ne voulaient pas abuser de l'hospitalité de leurs hôtes ; aussi, après avoir bien bu et bien mangé, reprirent-ils joyeusement la mer, persuadés d'arriver bientôt en Colchide. Mais à peine étaient-ils hors de vue de Cyzique que la tempête se déchaîna : en pleine nuit, le navire fut brutalement rejeté sur la côte. Dans l'obscurité, les soldats qui gardaient la ville pensèrent que les Argonautes étaient des pirates et ils les attaquèrent. Ceux-là mêmes qui avaient partagé leur repas en amis s'affrontèrent comme des ennemis mortels. Dans la confusion, Jason transperça le roi Cyzique d'un coup de lance.

Héraclès a disparu !

Après la tempête, l'*Argo* repartit. Héraclès, le plus fort des Argonautes, lança un défi aux autres : qui ramerait le plus longtemps ? Un à un, tous abandonnèrent, vaincus par la fatigue. Jason s'évanouit presque et Héraclès brisa son aviron. Le navire fut tiré sur la rive d'un fleuve et Héraclès partit chercher un arbre pour fabriquer une nouvelle rame. Comme le lendemain il n'était toujours pas revenu, Jason reprit la mer sans lui. La quête de la Toison d'Or se poursuivit sans Héraclès.

DIS-M'EN DAVANTAGE...

Qu'arriva-t-il à Héraclès ?

Le plus grand de tous les héros grecs n'allait pas tarder à vivre ses propres aventures. Il accomplit une série de tâches, appelées les douze travaux d'Héraclès *(voir page 35 et suivantes)*. Le premier de ces travaux fut de tuer le lion de Némée, ce qu'il fit à mains nues !

L'aveugle et les Harpies

L'*Argo* arriva à Salmydessus, près du Bosphore, le détroit entre la mer de Marmara et la mer Noire. Là vivait le roi Phinée, qui avait le don de voir l'avenir. Mais les dieux peuvent reprendre aussi bien que donner ! Ils avaient privé Phinée de ses yeux et l'avaient plongé dans les ténèbres. Celui-ci pouvait ainsi voir l'avenir, mais pas le présent. Et ce n'était pas tout. Il était persécuté par deux Harpies qui volaient sa nourriture et le laissaient affamé.

Jason interrogea Phinée : que devait-il faire pour conquérir la Toison d'Or ? Phinée promit de l'aider s'il le débarrassait des Harpies. Un banquet fut préparé, et les Argonautes attendirent les deux monstres. Dès leur arrivée, deux Argonautes ailés, Calaïs et Zétès, s'envolèrent et, avec leurs épées, mirent en fuite les Harpies. Phinée était enfin délivré d'elles et pouvait manger en paix. En échange, il avertit Jason de tous les dangers qui l'attendaient.

Enlevés par les Harpies !

Les Harpies, c'est-à-dire les « voleuses », étaient des femmes ailées : Aéllo (Tempête) et Ocypétès (Celle qui vole vite). Elles se précipitaient sur les enfants, qu'elles entraînaient dans les airs.

DIS-M'EN DAVANTAGE…

Où les Harpies s'en allèrent-elles ?

Calaïs et Zétès rattrapèrent les Harpies aux îles Strophades. Avant de s'envoler pour la Crète, elles promirent de ne plus tourmenter Phinée.

Les Roches Fracassantes

Le péril contre lequel Phinée avait mis en garde Jason se présenta aux abords du détroit du Bosphore. Là se dressaient les Symplegades, deux énormes tours rocheuses gardant l'étroit passage comme des soldats en faction ! Sentinelles vigilantes, elles interceptaient tous ceux qui tentaient de passer entre elles. Elles se rapprochaient et, en se heurtant, brisaient le malheureux navire en mille morceaux. Jason n'avait pas le choix. S'il voulait passer en mer Noire et gagner la Colchide, il devait franchir les Roches Fracassantes. Phinée lui avait expliqué comment il devait s'y prendre. Jason lâcha une colombe. Celle-ci passa entre les roches qui se heurtèrent violemment, mais n'arrachèrent qu'une plume à la queue de l'oiseau. Puis, comme l'avait prédit Phinée, elles reprirent leur place. L'*Argo* en profita alors pour passer.

Orphée, le poète chanteur

Pendant que l'*Argo* franchissait le Bosphore, Orphée, pour encourager les autres Argonautes, chanta en s'accompagnant de sa lyre. Son chant était si mélodieux qu'il pouvait même charmer les bêtes sauvages.

DIS-M'EN DAVANTAGE...

Ces roches continuent-elles à écraser les navires ?

Plus maintenant. Elles ont cessé de le faire après avoir laissé passer l'*Argo*. Depuis ce jour, elles n'ont plus bougé et les marins ne les craignent plus.

Jason en Colchide

Jason et les Argonautes parvinrent enfin en Colchide, à l'autre extrémité de la mer Noire. Ils n'avaient qu'une idée en tête : enlever au cruel roi Aiétès la Toison d'Or qu'il possédait. Aiétès promit de remettre la Toison à Jason s'il triomphait de trois épreuves : labourer un champ avec des taureaux dont les naseaux crachaient des flammes ; semer dans le champ les dents du dragon de Cadmos ; détruire les squelettes armés qui surgiraient du sol après ces semailles.
La déesse Héra avait rendu Médée, fille d'Aiétès, amoureuse de Jason, mais son père l'ignorait. Tout cela faisait partie du plan ourdi par Héra pour abattre Pélias. Médée fit boire à Jason un philtre qui le rendit invincible pendant une journée. Aussi triompha-t-il des épreuves imposées par Aiétès. En échange de son aide, Jason promit à Médée de l'épouser si elle rentrait en Grèce avec lui.

Le dragon de Cadmos

Ce monstre, dont les yeux lançaient des flammes et dont le corps était rempli de poison, fut tué par le héros Cadmos. Il lui arracha les dents et les partagea avec Aiétès, roi de Colchide. Quand on les semait, des squelettes armés naissaient du sol.

DIS-M'EN DAVANTAGE...

Comment Jason tua-t-il les squelettes armés ?

Médée suggéra à Jason de jeter un rocher au milieu d'eux, pour qu'ils se croient attaqués les uns par les autres. Pendant qu'ils se battaient entre eux, Jason les tua un par un.

Jason s'empare de la Toison d'Or

Croyez-vous vraiment qu'Aiétès était prêt à abandonner si vite la Toison d'Or ? Le roi n'avait jamais pensé que Jason triompherait des épreuves, et encore moins imaginé que sa propre fille le trahirait ! Il voulut garder son trésor en Colchide, sous la garde du serpent qui ne dormait jamais et dont le corps écailleux s'enroulait étroitement autour du chêne auquel était suspendue la Toison d'Or. Une fois encore, Médée vint au secours de Jason. À la nuit tombée, elle le conduisit dans le bois sacré où se trouvait la Toison d'Or. Même au cœur des ténèbres, elle étincelait. Médée utilisa ses pouvoirs magiques pour ensorceler le gardien à la langue fourchue. Puis elle versa dans chacun de ses yeux quelques gouttes d'un philtre : le grand serpent glissa aussitôt sur le sol, endormi. Jason se saisit de la Toison d'Or et regagna vite l'*Argo*, accompagné de Médée.

À la poursuite de l'Argo !

Au lever du jour, le roi Aiétès s'aperçut qu'il avait perdu les deux trésors qu'il chérissait le plus : la Toison d'Or et sa fille. Il envoya une flotte de navires rapides à la poursuite de l'*Argo*, mais ne pouvait imaginer ce que la rusée Médée avait préparé…

Qu'avait préparé Médée ?

Alors que Médée était sous le contrôle d'Héra, la déesse la poussa à faire une chose atroce. Médée avait pris en otage son frère Absyrtos. Elle le tua, le dépeça et jeta les morceaux de son corps à la mer ! Quand les navires d'Aiétès s'arrêtèrent pour les repêcher, l'*Argo* en profita pour prendre la fuite.

Le chant des Sirènes

Le voyage fut aussi difficile au retour qu'à l'aller. Détourné de sa route, l'*Argo* longea les côtes d'Italie avant d'arriver à l'île d'Anthemoessa, dont le nom signifie « l'île fleurie ». Là vivaient trois Sirènes, des monstres marins ailés, au corps d'oiseau et au visage de femme. Tous les marins redoutaient leurs chants magnifiques qui ensorcelaient les hommes. Livrés à eux-mêmes, les navires se fracassaient alors sur les rochers. L'*Argo* échappa à ce triste destin. Jason ordonna à Orphée de chanter. Les Argonautes n'écoutèrent que la voix mélodieuse de leur compagnon et conduisirent le navire en sûreté. Un seul marin, Butès, prêta l'oreille au chant des Sirènes. Il sauta à l'eau et nagea vers elles.

DIS-M'EN DAVANTAGE...

Jason épousa-t-il Médée ?

Eh oui ! Ils se marièrent sur l'île de Corfou et passèrent leur nuit de noces dans une grotte, couchés sur la Toison d'Or.

Un navire à terre

À Corfou, un raz de marée emporta l'*Argo* et le déposa au sud du Sahara. Pendant neuf jours, les Argonautes portèrent leur navire à bout de bras avant d'atteindre la Méditerranée et de cingler vers la Grèce.

Le géant Talos

Les Argonautes arrivèrent en Crète. Là, ils rencontrèrent Talos, un géant de bronze. Il les bombarda avec des rochers jusqu'à ce que Médée lui jette un sort et le contraigne à ôter un clou de sa cheville. Un métal liquide s'en écoula. C'était le « sang » de Talos, qui mourut aussitôt.

La fin de l'histoire

Jason, Médée et les Argonautes arrivèrent finalement à Iolcos. Le roi Pélias n'avait jamais imaginé que Jason reviendrait ; conquérir la Toison d'Or lui semblait impossible. Et pendant l'absence de Jason, Pélias avait fait tuer ses parents, Aeson et Alcimédé. Pour ce méchant homme, usurpateur du trône de Iolcos, assassin de la famille royale, l'heure de mourir avait sonné ; mais il ne périrait pas de la main de Jason. Pour la dernière fois, Médée fit usage de ses pouvoirs. Elle affirma détenir le secret de la jeunesse éternelle. Pour preuve, elle tua un vieux bélier et en jeta les morceaux dans un chaudron d'où sortit, comme par magie, un tout jeune agneau. Pélias, qui voulait retrouver sa jeunesse, laissa ses filles le tuer, le dépecer et le faire bouillir dans le chaudron. Évidemment, tout ceci n'était qu'une ruse : Pélias était bel et bien mort !

La fuite de Jason

Jason ne régna jamais sur Iolcos. Acaste, fils de Pélias, devint roi et le contraignit à fuir. Jason et Médée allèrent s'installer à Corinthe, où ils fondèrent une famille.

Vécurent-ils heureux ?

Pas vraiment… Jason et Médée se disputèrent et elle partit. Jason restait seul et, en souvenir du bon vieux temps, il allait parfois visiter l'*Argo*. Mais l'orgueilleux navire n'était plus qu'une épave. Un jour, la figure de proue se détacha et tua le héros.

DIS-M'EN DAVANTAGE…

Qu'advint-il de la Toison d'Or ?

Avant de s'installer à Corinthe, Jason emporta la Toison d'Or à Orchomène, une cité de Grèce orientale, et la déposa dans le temple de Zeus.

Les douze travaux d'Héraclès

Quelques héros de cette histoire

HÉRACLÈS

Fils de Zeus et d'Alcmène, il montre très vite une vigueur peu commune : deux serpents s'étant approchés de son berceau, il les étrangle de ses propres mains ! Au vu des aventures qui l'attendent, une telle force n'est pas superflue.

EURYSTÉE

Roi de Mycènes, c'est à lui que l'oracle envoie Héraclès afin qu'il expie son crime. Jaloux de la force du héros, Eurystée va lui imposer des travaux surhumains et attendre sa déconfiture. Mais sait-il à qui il a affaire ?

IOLAS

Question muscles, ce garçon ne paie pas de mine à côté d'Héraclès, son demi-frère. Mais Iolas est intelligent, malin et courageux. Les Grecs le savent déjà : on a souvent besoin d'un plus petit que soi…

ARTÉMIS

Fille de Zeus, sœur jumelle d'Apollon, et déesse de la chasse et de la nuit, voilà une jeune femme fière et farouche. Mieux vaut ne pas susciter sa colère ou sa jalousie, et encore moins rester à portée de ses flèches !

ATLAS

Ce géant appartient à la première génération des dieux, celle qui a été vaincue par Zeus et les Olympiens : le voilà condamné à porter éternellement le monde et la voûte céleste sur ses épaules…

HIPPOLYTHE

Reine des Amazones, experte à la chasse et au tir à l'arc, c'est une guerrière parmi les guerrières et une formidable cavalière. Tout le contraire d'une faible femme, comme Héraclès pourra s'en apercevoir !

Dis-nous, conteur...

Installez-vous autour de moi et écoutez mon histoire, celle du plus grand héros que le monde ait jamais connu. De qui suis-je en train de parler ? D'Héraclès, évidemment ! Les conteurs de jadis affirmaient qu'il était le fils d'Alcmène, une femme très belle, et de Zeus, le roi des dieux. Mais son origine divine ne rendit pas la vie d'Héraclès plus facile. L'épouse de Zeus, Héra, y veillait. Elle était furieuse que Zeus ait eu un fils d'une mortelle et méprisait Héraclès. Pour se venger, elle lui jeta un sort et l'obligea à tuer sa femme et ses propres enfants. Héraclès comprit quel horrible crime il avait commis. Il consulta alors le célèbre oracle de Delphes pour savoir comment expier un geste aussi abominable. L'oracle lui ordonna de se rendre à Mycènes, auprès du roi Eurysthée, et d'accomplir toutes les tâches que celui-ci lui imposerait. Le meurtre de sa famille lui serait alors pardonné.

Le lion de Némée

À Mycènes, le roi Eurysthée décida d'imposer à Héraclès douze travaux impossibles et attendit impatiemment l'échec du jeune homme. La première de ces tâches était de tuer un lion féroce qui ravageait la région de Némée, dont il terrorisait et dévorait les habitants. Le fauve occupait une grotte pourvue de deux entrées, afin de pouvoir toujours s'échapper.
Sa peau était si épaisse qu'aucune épée ne pouvait la percer. Les flèches d'Héraclès n'y parvinrent pas davantage. Il en tira un plein carquois mais elles rebondissaient sur le lion sans lui faire le moindre mal !
Le héros changea alors de tactique : il boucha l'une des entrées de la grotte avec un énorme rocher, puis, ayant coincé le lion à l'intérieur de son antre, il l'affronta à mains nues. Après un terrible combat, Héraclès étrangla le fauve.

La jarre d'Eurysthée

Quand Héraclès rapporta la dépouille du lion de Némée à Eurysthée, le roi eut si peur qu'il courut se cacher dans un *pithos*, une grande jarre où l'on conservait la nourriture.

DIS-M'EN DAVANTAGE...

Qu'arriva-t-il au lion ?

Héraclès ne voulait rien gaspiller de sa proie. Il écorcha le lion mort à l'aide de ses propres griffes et revêtit sa peau. La tête du fauve lui servit de casque !

L'Hydre de Lerne

Quand il finit par sortir de la jarre, le roi Eurysthée n'était pas très à l'aise. Il décida d'imposer à Héraclès une deuxième épreuve, encore plus difficile : tuer l'Hydre. Vous allez devoir faire un gros effort d'imagination pour vous représenter ce terrible monstre. L'Hydre avait le corps d'un dragon et neuf têtes, dont chacune était pourvue d'une gueule vorace découvrant des dents aiguisées et crachant une haleine putride. Pour la trouver, Héraclès dut se rendre dans le marais de Lerne, où elle vivait. Affronter un ennemi est déjà difficile, mais là, il y en avait neuf ! Le héros essaya de trancher les têtes de l'Hydre mais, lorsqu'il en coupait une, deux repoussaient. Héraclès trouva une solution. Dès qu'il tranchait un des cous de l'Hydre, son compagnon Iolas brûlait la blessure avec une torche pour empêcher l'apparition d'une nouvelle tête. Ainsi le monstre fut finalement vaincu.

Les flèches empoisonnées

Après la mort de l'Hydre, Héraclès trempa les pointes de ses flèches dans le sang du monstre, qui contenait un venin mortel.

DIS-M'EN DAVANTAGE...

Qui était Iolas ?

Iolas était le fils d'Iphiclès, le demi-frère d'Héraclès. Courageux et astucieux, il l'aida à venir à bout de ses Travaux et conduisait également son char.

La biche de Cérynie

Voyant qu'Héraclès parvenait sans trop de difficultés à tuer des monstres, le roi Eurysthée envoya le héros dans la région de Cérynie capturer une biche magique. Elle était consacrée à la déesse Artémis et Héraclès commettrait un crime terrible en la tuant. L'animal possédait des cornes d'or et des sabots d'airain. On le disait capable de courir plus vite que le vent. Que ce fût vrai ou non, il fallut qu'Héraclès pourchasse la biche durant une année entière avant de la rejoindre en Arcadie et de réussir à l'immobiliser d'une flèche. Il chargea alors le magnifique animal sur ses larges épaules et le rapporta à Eurysthée. Le roi ordonna à Héraclès de conduire la biche au temple d'Artémis et de l'offrir à la déesse.

petite querelle avec un dieu

Sur le chemin du retour, Héraclès rencontra le dieu Apollon. Celui-ci essaya de reprendre l'animal, prétendant qu'il était sacré. Le héros réussit cependant à s'expliquer et Apollon le laissa poursuivre son chemin.

DIS-M'EN DAVANTAGE...

Qui était Artémis ?

Fille de Zeus et de Léto, sœur jumelle d'Apollon, Artémis était la déesse grecque de la Lune et de la chasse. Dotée d'un caractère farouche, elle parcourait les forêts, accompagnée exclusivement de femmes.

Le sanglier d'Érymanthe

Le quatrième travail qu'imposa Eurysthée à Héraclès fut d'aller capturer un sanglier féroce qui vivait sur le mont Érymanthe. L'énorme animal portait de longues défenses et avait un caractère épouvantable. Depuis des années, il terrorisait les paysans des environs, car il détruisait leurs récoltes et avait même tué plusieurs d'entre eux.

Poussant des cris et agitant sa lance, Héraclès poursuivit la créature jusqu'au sommet de la montagne, que recouvrait une épaisse couche de neige. Le sanglier, épuisé par cette course, se retrouva coincé dans la neige molle et Héraclès parvint à l'emprisonner dans un filet. Il le traîna ensuite jusqu'à Mycènes. Il ne se rendit toutefois pas au palais d'Eurysthée. Il se contenta de déposer le sanglier étroitement entravé sur la place du marché et rejoignit un autre héros, Jason, pour embarquer sur son navire, l'*Argo* *(voir page 9 et suivantes)*.

Le combat contre les centaures

Sur le chemin qui le menait au repaire du sanglier, Héraclès s'arrêta pour boire en compagnie de Pholos, un célèbre centaure. Cela mécontenta d'autres centaures, qui voulurent tuer Héraclès. Mais le héros les chassa en leur lançant des tisons enflammés.

DIS-M'EN DAVANTAGE...

Qu'arriva-t-il à Pholos ?

Pendant qu'Héraclès affrontait les centaures furieux, Pholos s'empara de l'arc et des flèches du héros pour lui venir en aide. Hélas ! L'une des flèches empoisonnées tomba sur son pied et le tua.

Les écuries d'Augias

Héraclès avait prouvé sa force et son courage, mais la nouvelle épreuve qui l'attendait allait aussi faire appel à son intelligence. Il devait nettoyer les écuries d'Augias, roi d'Élis. Celui-ci possédait plus de bétail que quiconque en Grèce. Chèvres, moutons, chevaux et vaches s'entassaient dans une immense écurie qui n'avait pas été nettoyée depuis trente ans. Vous imaginez la saleté et la puanteur qui y régnaient ! Difficulté supplémentaire, Héraclès était supposé accomplir sa tâche en une seule journée !
Pour résoudre le problème, il perça deux trous dans les murs de l'écurie, chacun à une extrémité. Puis, avec l'aide de Iolas, il détourna deux fleuves qui coulaient à proximité, l'Alphée et le Pénée. Leurs eaux puissantes pénétrèrent par le premier trou et emportèrent toute la saleté en ressortant par le second. Héraclès parvint ainsi à ses fins, sans même avoir à se salir les mains !

Augias ne tient pas sa promesse

Le roi Augias avait promis à Héraclès de lui donner un dixième de son troupeau s'il réussissait. Mais quand le héros vint réclamer son dû, le roi refusa, prétendant même qu'il n'avait jamais conclu un tel marché.

DIS-M'EN DAVANTAGE...

Héraclès chercha-t-il à se venger ?

Le roi Augias aurait dû y réfléchir à deux fois avant d'escroquer Héraclès. Le héros le chassa de son trône, qui revint à son fils Phyleus.

Les oiseaux du lac Stymphale

Le sixième travail d'Héraclès le conduisit au lac Stymphale, dans le nord de la Grèce. Là vivait dans un marécage le genre d'oiseaux que vous souhaiteriez ne jamais rencontrer. Gigantesques, avec des becs de bronze et des serres aussi tranchantes que des rasoirs, ils étaient consacrés à Arès, dieu de la guerre et des armes, ce qui n'a rien de surprenant. Ces volatiles terrorisaient les habitants de la région. Héraclès ne pouvait s'en approcher car il craignait de se noyer dans le marécage. Il ne pouvait pas non plus les tuer de ses flèches, parce que les oiseaux se dissimulaient dans les arbres ou au milieu de la végétation du marais. Les dieux lui donnèrent alors un petit coup de main : Héraclès fit retentir des cymbales magiques, des *krotala*. Les oiseaux, effrayés, quittèrent leurs cachettes et s'envolèrent. Adroit au tir, le héros n'eut plus qu'à les abattre un par un. Le ciel se remplit de plumes : la malédiction de Stymphale avait pris fin.

Mangeurs d'hommes… ou simples nuisibles ?

Certains récits affirment que les oiseaux étaient carnivores, et enlevaient les enfants ou les animaux. D'autres disent qu'ils étaient seulement nuisibles et que leurs déjections empoisonnaient les récoltes. Quoi qu'il en soit, chacun fut bien content d'en être débarrassé.

DIS-M'EN DAVANTAGE…

Comment Héraclès se procura-t-il ces cymbales ?

Les *krotala* furent fabriqués par Héphaïstos, dieu des forgerons, le plus laid de tous les dieux. Il les donna à la déesse Athéna qui les remit à Héraclès.

Le taureau de Crète

Pour son septième travail, Héraclès se rendit dans l'île de Crète afin d'y capturer un taureau. L'histoire de l'animal, consacré au dieu Poséidon, était particulière. Un certain Minos, voulant prouver aux Crétois qu'il était le roi légitime, demanda aux dieux d'envoyer un signe qui les convaincrait. Poséidon entendit sa prière et, à la grande surprise des Crétois, fit surgir de la mer un taureau. Minos devait en principe sacrifier le magnifique animal, mais il s'en abstint, préférant le garder pour lui. Quant à ce qu'il devint, c'est une autre histoire. En tout cas, Héraclès lutta avec le taureau jusqu'à ce que la bête soit épuisée, puis il l'emmena tel un trophée vivant auprès du roi Eurysthée.

Le Minotaure

Le roi Minos ayant refusé de lui sacrifier le taureau, Poséidon décida de le châtier en rendant sa femme amoureuse de l'animal. À la grande honte de Minos, la reine Pasiphaé donna naissance au Minotaure, monstre mi-homme mi-taureau, mangeur de chair humaine ! Minos enferma cette créature dans un palais nommé le Labyrinthe, où il finit par être tué par un autre héros, Thésée.

DIS-M'EN DAVANTAGE...

Qu'arriva-t-il au taureau ?

Quand Héraclès amena l'animal à Eurysthée, le roi ordonna de le libérer. Le taureau, devenu fou furieux, finit par arriver près d'Athènes, dans la plaine de Marathon, où le héros Thésée le captura et le sacrifia au dieu Apollon.

Les chevaux de Diomède

Eurysthée était maintenant lassé des succès d'Héraclès. Il lui confia une mission particulièrement dangereuse, espérant que s'il en revenait, ce ne serait pas sans avoir subi quelques dommages. Héraclès prit la mer et gagna la Thrace, où le roi Diomède régnait sur le peuple des Bistones. Héraclès devait s'emparer des quatre cavales qui tiraient le char de Diomède. Seulement, il y avait un petit problème : ces juments appréciaient le goût de la chair humaine et dévoraient quiconque les approchait. Le roi Diomède avait la réputation de leur donner en pâture les visiteurs indésirables !
Aidé de son ami Abderus, Héraclès se débarrassa des palefreniers qui veillaient sur les féroces juments et conduisit les bêtes jusqu'à la mer, où attendait son navire. Toutefois, Diomède et les Bistones les poursuivirent et Héraclès dut les affronter.

Une mort affreuse

Pendant qu'il combattait les Bistones, Héraclès confia les juments à son ami Abderus. Mais celui-ci n'eut pas la force de les retenir et, traîné sur le sol, périt déchiqueté.

DIS-M'EN DAVANTAGE...

Qu'arriva-t-il au roi Diomède ?

Il finit fort mal. Héraclès le donna à dévorer à ses propres cavales. Rassasiées, celles-ci devinrent des juments comme les autres, dociles et obéissantes.

La ceinture d'Hippolyte

La tâche qui fut ensuite imposée à Héraclès était un peu différente. À l'est de la mer Égée vivait un peuple de femmes réputées pour leur férocité : les Amazones. Les hommes eux-mêmes y regardaient à deux fois avant de les affronter. Eurysthée ordonna à Héraclès de s'emparer de la ceinture que portait leur reine Hippolyte. Elle y accrochait son épée et ne se la laisserait pas prendre sans combattre. Une nouvelle fois, Héraclès s'embarqua avec quelques compagnons, résolu à accomplir sa mission. Dès qu'Hippolyte aperçut le héros, elle en tomba amoureuse et lui offrit spontanément sa ceinture. Mais Héra, la vieille ennemi d'Héraclès, veillait. Elle suscita chez les Amazones une haine violente envers lui. Cela finit par une bataille rangée entre les Amazones et les compagnons d'Héraclès. Au cœur de la mêlée, celui-ci tua involontairement Hippolyte d'une de ses flèches.

De terribles guerrières

Les Amazones haïssaient les hommes. Elles tuaient presque tous leurs enfants mâles à la naissance et réduisaient les autres en esclavage. Par contre, les filles recevaient une éducation guerrière. Les Amazones étaient réputées pour leurs talents de cavalières.

DIS-M'EN DAVANTAGE...

Pourquoi Eurysthée voulait-il cette ceinture ?

Elle n'était pas pour lui mais pour sa fille Admeta, qui rêvait d'un tel cadeau. Eurysthée pensa que seul Héraclès pourrait s'approprier le bijou.

Les bœufs de Géryon

La mission suivante conduisit Héraclès vers l'ouest, à l'autre bout du monde connu, sur l'île d'Érythie. Au terme d'un voyage périlleux, il devait y voler le troupeau de Géryon, des bêtes magiques et d'allure majestueuse. Géryon, un géant doté de trois têtes, de trois corps, de six jambes et de six bras, chérissait son troupeau. On disait qu'il était plus fort que quiconque. Les bêtes étaient gardées par un berger nommé Eurytion et un chien à deux têtes, Orthros.
Héraclès les tua tous les deux avec sa massue et s'empara du troupeau. Après quoi, il fallut s'occuper de Géryon, qui avait été prévenu du vol. Le combat fut difficile, car le monstrueux géant pouvait regarder de tous les côtés en même temps. Pourtant, Héraclès trouva la solution : d'une seule flèche, il transperça le cœur unique qui était commun aux trois corps.

Les colonnes d'Héraclès

Pour parvenir à Érythie, Héraclès dut séparer les terres qui forment aujourd'hui l'Afrique et l'Europe. Il édifia deux énormes piliers de chaque côté, afin de maintenir le passage ouvert. C'est l'actuel détroit de Gibraltar.

DIS-M'EN DAVANTAGE...

Héraclès ramena-t-il le troupeau ?

En remerciement de son travail, Hélios, fournit à Héraclès une grande coupe d'or à bord de laquelle il put traverser la mer avec les bœufs.

Les pommes d'or du jardin des Hespérides

Le onzième travail d'Héraclès fut d'aller chercher les pommes d'or qui poussaient dans un jardin sacré confié aux Hespérides, des nymphes filles du Titan Atlas. Il était aussi gardé par Ladon, un terrible serpent à deux têtes. Héraclès ignorait la manière dont il mènerait à bien cette tâche mais, chemin faisant, il se vit offrir une aide inattendue : celle d'un homme du nom de Prométhée, puni par les dieux pour les avoir volés. Héraclès le libéra et Prométhée, reconnaissant, conseilla au héros de trouver Atlas, qui irait prendre les pommes. Héraclès ne tarda pas à le trouver. Mais il y avait un problème, car Atlas était chargé de soutenir le monde sur ses épaules ! Héraclès le soulagea de ce fardeau tandis que le géant partait chercher les pommes.

Le châtiment de Prométhée

Prométhée avait volé le feu aux dieux pour le donner aux hommes. Comme châtiment, Zeus l'enchaîna sur le versant d'une montagne. Chaque jour, un aigle gigantesque venait lui dévorer le foie, qui repoussait pendant la nuit. Prométhée subissait donc une torture sans fin.

DIS-M'EN DAVANTAGE...

Pourquoi Atlas devait-il soutenir le monde ?

Atlas ayant tenté de renverser les dieux et de prendre le pouvoir, Zeus le condamna à porter le monde sur ses épaules.

Le gardien des Enfers

Les travaux d'Héraclès l'avaient occupé pendant onze longues années. Le dernier fut de loin le plus dangereux. Le roi Eurysthée lui demanda de descendre aux Enfers, ce que peu de mortels avaient réussi. Ce n'était pas tout ! il devait aussi ramener Cerbère, le chien féroce qui gardait le royaume des ténèbres. Ce Cerbère n'était pas un chien ordinaire : il avait trois têtes et son pelage était hérissé de serpents venimeux.
Héraclès se rendit au cap Ténare et pénétra dans la grotte qui menait aux Enfers. Après avoir franchi le Styx, il alla voir Hadès, le souverain du monde des morts, et lui demanda s'il pouvait emmener le chien. Hadès l'y autorisa, à condition qu'il n'utilise d'autre arme que sa force. Héraclès réussit mais, quand il présenta le monstre à Eurysthée, le roi fut si terrifié qu'il lui ordonna de le ramener d'où il venait, et tout de suite !

Au secours d'un vieil ami

Pendant qu'il se trouvait aux Enfers, Héraclès libéra son ami le héros Thésée. En compagnie de son compagnon Pirithoos, celui-ci avait tenté d'enlever l'épouse d'Hadès, Perséphone, et de la ramener dans le monde des vivants.

DIS-M'EN DAVANTAGE...

Est-ce la fin de l'histoire ?

Les douze travaux étaient achevés : Héraclès avait payé sa dette à Héra. Admis auprès des dieux de l'Olympe, il allait devenir le plus célèbre de tous les héros grecs, chanté pendant des siècles par les poètes et les artistes.

La guerre de Troie

Quelques héros de cette histoire

PÂRIS

Jeune prince troyen, Pâris ne semble pas promis à un destin exceptionnel. Trois déesses vont en décider autrement. En choisissant l'amour de la plus belle femme du monde, le jeune homme va déchaîner la tempête.

ACHILLE

Achille est (presque) immortel et les Grecs le considèrent comme le plus grand des héros. Ils n'imaginent pas pouvoir gagner la guerre sans lui. Mais se rendent-ils compte à quel point ce garçon a mauvais caractère ?

HÉLÈNE

Tout le monde est d'accord sur une chose : c'est Hélène la plus belle ! Un titre de gloire qui va causer quelques dégâts : aimée par deux hommes, disputée par deux peuples, la belle se trouve au centre d'une histoire palpitante et terriblement sanglante.

HECTOR

Fils du roi de Troie, frère de Pâris, c'est le plus noble et le plus vaillant des Troyens, le chef de la résistance à l'envahisseur grec. Apollon, dit-on, le protège. Mais la fière Athéna, de son côté, a juré sa perte…

AGAMEMNON

Roi de Mycènes, beau-frère d'Hélène, il est choisi pour commander l'armée des Grecs. Agamemnon est courageux mais terriblement orgueilleux. Saura-t-il conduire les siens à la victoire ?

ATHÉNA

À cause de Pâris qui lui a préféré Aphrodite, la fille chérie de Zeus en veut aux Troyens et va aider les Grecs. Mais Athéna est aussi déesse de la Raison et s'oppose aux violences inutiles. Cette aventure va lui donner fort à faire…

Dis-nous, conteur…

Bienvenue à vous, citoyens. Installez-vous autour de moi. Je suis le rhapsode, celui qui raconte les histoires. Vous devez avoir entendu parler du fameux siège de Troie, de la belle femme qui provoqua la guerre, des braves guerriers qui combattirent et périrent, et de la ruse qui mit fin à tout cela. Alors, ouvrez toutes grandes vos oreilles…

Une ville construite avec l'aide des dieux

Mon histoire commence il y a très longtemps, à l'époque où les dieux immortels et les hommes vivaient ensemble sur la Terre. Le grand Zeus envoya son fils Apollon et son frère Poséidon travailler parmi les hommes. Il voulait les punir, car ils s'étaient révoltés contre lui. Pendant une année entière, Apollon et Poséidon, au service de Laomédon, roi de Troie, construisirent de puissantes murailles autour de sa ville. Mais ils n'étaient pas seuls : ils avaient demandé à un homme, Éaque, de les aider.

En échange de leur travail, Laomédon avait promis de donner aux dieux ses célèbres chevaux immortels. Mais quand le travail fut terminé, il ne tint pas sa promesse. Apollon déchaîna une épidémie de peste à Troie et Poséidon ordonna à un monstrueux serpent de mer d'attaquer la ville. Laomédon consulta un oracle qui lui enjoignit d'offrir sa fille Hésione en sacrifice au serpent. Mais il ne put s'y résoudre et promit ses chevaux à celui qui tuerait le monstre. C'est le héros Héraclès qui s'en chargea. Et, à nouveau, Laomédon ne tint pas sa promesse !

La prédiction des serpents

Quand les murailles de Troie furent terminées, trois serpents les escaladèrent. Les deux qui avaient rampé sur les murs construits par les dieux tombèrent morts. Le troisième avait grimpé sur le mur édifié par Éaque et il pénétra dans la ville. Apollon y vit un signe annonçant que Troie serait prise par les descendants d'Éaque.

DIS-M'EN DAVANTAGE...

Que fit Héraclès ?

Héraclès était furieux que Laomédon lui ait refusé ses chevaux. Il quitta Troie mais y revint des années plus tard pour tuer Laomédon et ses fils. Hésione obtint qu'il épargne son frère Podarcès, qui prit le nom de Priam et devint le nouveau roi de Troie.

Le jugement de Pâris

Le roi Priam et sa femme Hécube eurent un fils du nom de Pâris. Quelque temps avant sa naissance, Hécube fit un cauchemar et rêva qu'elle donnait naissance à un tison enflammé. Effrayée de ce qu'elle prenait pour un mauvais présage, elle décida d'abandonner le nouveau-né dans la montagne. Celui-ci fut recueilli par des bergers qui l'élevèrent comme leur propre fils ; il devint un beau jeune homme. Un jour qu'il gardait son troupeau, Pâris vit venir à lui trois déesses : Héra, Athéna et Aphrodite. Elles se disputaient une pomme d'or, sur laquelle était inscrit : « À la plus belle ». Elles avaient désigné Zeus comme arbitre, mais il laissa ce rôle à Pâris. Héra lui offrit l'Europe et l'Asie s'il la choisissait ; Athéna jura qu'elle ferait de lui un grand guerrier ; Aphrodite lui promit Hélène, la plus belle femme du monde.

La pomme de discorde

La déesse Éris avait jeté cette pomme aux trois déesses parce qu'elles avaient été invitées à une noce, et pas elle. Éris savait qu'elles allaient se disputer, chacune prétendant être la plus belle.

DIS-M'EN DAVANTAGE...

Quel choix fit Pâris ?

Pauvre Pâris ! Plutôt que la puissance ou la gloire, il choisit l'amour et la beauté. Il éprouvait un désir profond pour Hélène, mais en la désignant il scellait son propre destin et celui de la ville de Troie.

Pâris emmène Hélène à Troie

Beaucoup d'hommes souhaitaient épouser Hélène. Mais son père Tyndare, roi de Sparte, ne voulut la marier qu'à condition que tous les prétendants jurent de la protéger à jamais. Ils acceptèrent et prêtèrent serment. Laissée libre de prendre qui elle voulait pour époux, Hélène choisit Ménélas, qui venait de Mycènes. Dix années s'étaient écoulées depuis la rencontre des trois déesses et de Pâris. Il était retourné à Troie et avait été admis dans la famille royale. Mais Aphrodite n'avait pas oublié la promesse qu'elle lui avait faite. Elle attendit que Ménélas quitte Sparte pour amener Pâris auprès d'Hélène. Ce fut le coup de foudre ! À la nuit, avec l'aide de la déesse, Pâris emmena Hélène sur son bateau, y chargea le trésor de la ville et fit voile vers Troie. Quand Ménélas découvrit ce qui s'était passé, il devint fou de rage.

Le dernier recours

Ménélas tenta d'abord de récupérer Hélène par des moyens pacifiques. Il vint à Troie réclamer que son épouse lui soit rendue, mais sa demande fut rejetée. Il comprit alors que le seul moyen de délivrer Hélène était de faire la guerre aux Troyens et de les vaincre.

DIS-M'EN DAVANTAGE...

Pourquoi Hélène partit-elle avec Pâris ?

Aphrodite jeta un sort puissant à Hélène et la rendit folle amoureuse de Pâris. On prétend aussi que la déesse donna à Pâris l'apparence de Ménélas, trompant Hélène qui pensait de bonne foi être en compagnie de son mari.

Cap sur Troie !

Ménélas se rendit auprès de son frère Agamemnon, roi de Mycènes, et demanda son aide. Agamemnon fit alors appel à tous les hommes qui avaient juré de protéger Hélène. Les Grecs formèrent une armée et choisirent Agamemnon pour chef. Dans le port d'Aulis, on rassembla mille navires pour porter la guerre à Troie. Mais le devin Calchas déclara que la flotte ne pouvait prendre la mer tant qu'Achille ne les aurait pas rejoints. Calchas, qui savait interpréter les signes envoyés par les dieux, vit un serpent dévorer neuf moineaux avant de se changer en pierre. Ce présage signifiait que Troie ne serait prise qu'après dix années de guerre. La dernière recommandation de Calchas fut terrible : Agamemnon devait sacrifier sa propre fille, Iphigénie, pour s'attirer la faveur des dieux. Il la fit venir auprès de lui, sous prétexte d'épouser Achille. Mais ce n'était qu'une ruse : elle fut immolée sur l'autel. Après ce sacrifice, le vent se mit à souffler et la flotte cingla vers Troie.

Philoctète est abandonné

Sur la route de Troie, les Grecs firent escale sur l'île de Ténédos. C'est là qu'un serpent mordit au pied l'archer Philoctète. Il souffrait terriblement et sa blessure sentait si mauvais que, malgré ses protestations, les Grecs l'abandonnèrent et reprirent la mer sans lui.

DIS-M'EN DAVANTAGE...

Pourquoi les Grecs voulaient-ils qu'Achille combatte à leurs côtés ?

Tout le monde savait qu'Achille était le plus grand des héros et il était donc vital qu'il rejoigne l'expédition. Quand il était bébé, sa mère l'avait plongé dans les eaux du Styx pour le rendre invulnérable. Mais elle le tenait par le talon et celui-ci demeura son point faible.

Le siège de Troie

Quand les Grecs débarquèrent, les habitants et les guerriers de Troie contemplèrent le spectacle du haut des puissantes murailles que les dieux avaient aidé à construire. Agamemnon et ses hommes installèrent leur camp devant la ville. Le siège commençait, et il allait durer dix longues années !
La dixième année, Agamemnon captura une jeune fille du nom de Chryséis.

Malheureusement, le père de la belle était prêtre d'Apollon et le dieu se fâcha. Il envoya la peste dans le camp des Grecs. Achille organisa une réunion et il fut décidé que, pour stopper le fléau, Agamemnon devait rendre Chryséis. Il le fit à contrecœur, mais s'empara en échange de Briséis, l'esclave favorite d'Achille. Les deux hommes se disputèrent violemment. Furieux, Achille décida de ne plus participer aux combats contre les Troyens. Ce fut un choc terrible pour Agamemnon qui se souvenait de la prophétie de Calchas : Troie ne serait pas conquise sans l'aide d'Achille.

Comment Ulysse échappa à la mort

Le premier Grec à poser le pied sur le sol de Troie serait aussi le premier à mourir au combat, affirmait une prophétie. Ulysse la connaissait et, quand il débarqua avant tous les autres, il jeta son bouclier à terre et monta dessus. Protesilas, roi de Thessalie, le suivait et toucha terre le premier. La prophétie s'accomplit et il fut aussi le premier à mourir.

DIS-M'EN DAVANTAGE...

Les Grecs tentèrent-ils de sauver la paix ?

Même après le début de la guerre, les Grecs envoyèrent des ambassadeurs demander le retour d'Hélène et la restitution du trésor volé. Mais les Troyens ne voulurent rien entendre. Retranchés derrière leurs remparts, ils insultaient les Grecs et leur jetaient des ordures.

Que le combat s'engage !

Beaucoup de Grecs étaient morts de la peste et Achille refusait toujours de combattre. Agamemnon décida pourtant de reprendre la guerre. Ce n'était pas une bonne idée. Achille, furieux qu'Agamemnon ait libéré sa favorite Briséis, avait demandé aux dieux de le punir.

Les dieux l'avaient entendu et les Grecs allaient de défaite en défaite. Il semblait bien que les Troyens allaient gagner la guerre et que les Grecs reprendraient la mer bredouilles. C'est alors qu'une trêve fut conclue afin que Ménélas et Pâris s'affrontent en combat singulier. Le vainqueur garderait Hélène et la guerre serait finie.

Une disparition providentielle

Devant les deux armées assemblées, les rivaux s'affrontèrent. Mais au moment où Ménélas allait tuer Pâris, la déesse Aphrodite, qui protégeait ce dernier, le fit disparaître.

Athéna s'en mêle

La déesse Athéna ne voulait pas que la guerre s'achève. Elle prit l'aspect d'un Troyen et persuada un archer de tirer depuis les murs de Troie. La flèche blessa Ménélas. La trêve était rompue et la guerre reprit.

Au meurtre !

Les héros Ulysse et Diomède tuèrent Rhésos, roi de Thrace, qui combattait aux côtés des Troyens. Ils volèrent ses chevaux d'un blanc immaculé, brillants comme le soleil, rapides comme le vent et qui pouvaient se rendre invisibles.

La lâcheté de Thersite

Thersite, le plus laid des Grecs, demanda qu'Agamemnon cesse la guerre afin que tous puissent rentrer sains et saufs en Grèce. Personne ne l'écouta. Et Ulysse le roua de coups de bâton jusqu'à ce qu'il s'excuse pour ses propos.

Match nul !

Le héros grec Ajax et Hector, le plus brave des Troyens, s'affrontèrent en duel pendant toute une journée. Aucun des deux ne l'emporta. Quand la nuit tomba, ils échangèrent des présents avant de se séparer.

DIS-M'EN DAVANTAGE...

Que faisait Achille pendant ce temps ?

En raison de sa querelle avec Agamemnon, Achille, le plus brave des Grecs, se tenait à l'écart des combats. Il restait sous sa tente avec son ami Patrocle.

Les navires incendiés

Avec l'aide des dieux, Hector enfonça les défenses que les Grecs avaient mises en place sur la côte et incendia leurs navires. Tant qu'Achille se tint à l'écart des combats, les dieux aidèrent les Troyens à repousser les Grecs.

Achille tue Hector

Comme les défaites se succédaient, les Grecs en vinrent à craindre que les dieux ne les aient abandonnés, et c'était bien le cas ! Achille demeurait leur seul espoir de victoire. Agamemnon avait demandé au héros de revenir au combat, s'engageant à lui rendre Briséis. Il lui avait offert un trésor. Il lui avait promis les vingt plus belles femmes de Troie. Il lui avait même proposé d'épouser une de ses propres filles. Mais Achille, toujours fâché, refusait toutes les propositions d'Agamemnon. Quand le Troyen Hector incendia les vaisseaux grecs, Patrocle, l'ami d'Achille, demanda à retourner se battre. Achille lui prêta son armure pour tromper les Troyens en leur faisant croire qu'il était de retour. Mais Hector vainquit Patrocle et le tua. La mort de son ami bouleversa Achille. Il annonça à Agamemnon que leur querelle était close et qu'il reprenait le combat. Achille poursuivit Hector sous les murs de Troie. Quand ils s'affrontèrent enfin, Achille tua son ennemi d'un coup de lance dans la gorge. Il attacha le cadavre d'Hector à son char et fit le tour de Troie en le traînant derrière lui, pour que tous les Troyens admettent cette évidence : leur grand guerrier était mort !

La mort de Patrocle

Quand Hector eut tué Patrocle, il le dépouilla de l'armure d'Achille et la revêtit. Achille, qui pleurait son ami, organisa de grandioses funérailles au cours desquelles douze prisonniers troyens furent sacrifiés aux dieux. Bien sûr, Achille récupéra son armure quand il tua Hector.

DIS-M'EN DAVANTAGE...

Qu'advint-il du corps d'Hector ?

Pendant plusieurs jours, Achille traîna le corps d'Hector derrière son char, à la merci des chiens et des oiseaux. Le corps ne fut rendu aux siens que lorsque Priam, roi de Troie, paya une rançon.

La mort d'Achille

Grâce au retour d'Achille, la guerre tourna à nouveau à l'avantage des Grecs. Ils commencèrent à infliger des défaites à l'ennemi troyen. Penthésilée, reine des Amazones, combattait avec ces derniers. Malgré sa vaillance, elle était loin d'égaler Achille qui la tua. Thersite se moqua du respect qu'Achille manifestait à la reine morte. C'est la dernière chose que fit ce vilain bonhomme : Achille se jeta sur lui et le tua. Mais les jours d'Achille étaient, eux aussi, comptés. Tout le monde le croyait invincible mais il avait un point faible. Lors d'un combat entre Achille et Pâris, Apollon guida la flèche du Troyen vers la seule partie du corps d'Achille qui n'était pas protégée par les eaux du Styx. La flèche le frappa au talon et sa vie s'enfuit par la blessure. Le héros des Grecs était mort ! Ajax emporta son corps auprès des siens, où il fut pleuré dix-sept jours durant. Puis il fut brûlé sur un bûcher et ses cendres furent mêlées à celles de son ami Patrocle.

Le jour où Pâris fut tué

Philoctète, abandonné sur l'île de Ténédos *(voir page 68)*, était le gardien de l'arc et des flèches d'Héraclès. Quand Ulysse vint lui voler ces armes, il le suivit jusqu'à Troie. Philoctète tua Pâris d'une flèche empoisonnée tirée avec l'arc d'Héraclès.

DIS-M'EN DAVANTAGE...

Qu'arriva-t-il à Ajax ?

Les Grecs se disputèrent pour savoir qui hériterait des armes d'Achille. Ajax espérait l'emporter, mais elles furent données à Ulysse. Fou de chagrin, Ajax massacra des moutons, les prenant pour des ennemis. Il ne put supporter les moqueries, planta son épée dans le sol et se suicida en se jetant sur la lame.

Le cheval de Troie

Les Grecs avaient capturé un devin troyen capable de prédire l'avenir. Il leur dit qu'ils devaient remplir trois conditions pour s'emparer de Troie : ramener Philoctète parmi eux (ce fut fait, et il tua Pâris) ; le fils d'Achille devait venir combattre (il vint) ; une statue sacrée devait être volée aux Troyens (elle le fut). Et pourtant, le siège se poursuivait !
La déesse Athéna vint à leur aide. Suivant ses instructions, les Grecs construisirent un cheval de bois à l'intérieur duquel des soldats pouvaient se dissimuler.

Sur le cheval on inscrivit ces mots : « Ceci est une offrande des Grecs à Athéna pour qu'elle les protège pendant leur retour chez eux. »
Le cheval fut traîné jusqu'à Troie et abandonné devant les portes de la ville. Puis l'armée grecque, comme si elle renonçait à poursuivre la guerre, embarqua sur les navires qui cinglèrent vers le large. Un seul homme, nommé Sinon, resta sur le rivage.
Le lendemain, les Troyens n'en crurent pas leurs yeux : les Grecs étaient partis ! Sinon, qui s'était laissé capturer, leur dit que le cheval était une offrande à Athéna mais qu'il était trop grand et que les Troyens ne parviendraient pas à l'installer dans la ville. Ils n'en furent que plus désireux de le faire et de prouver ainsi que les Grecs avaient tort.

Les douze héros

Nul ne sait combien d'hommes étaient cachés dans le cheval de bois. L'histoire est si ancienne que leur nombre a été oublié depuis longtemps. Certains parlent de 23 ou de 30, d'autres de 50, de 100, voire de 3 000 ! À mon avis, ils n'étaient que douze.

DIS-M'EN DAVANTAGE...

La ruse des Grecs parvint-elle à tromper tout le monde ?

Certains Troyens nourrissaient des soupçons au sujet du cadeau des Grecs, mais seul un homme s'exprima : un prêtre du nom de Laocoon. Aussitôt, Athéna fit surgir de la mer deux serpents gigantesques qui tuèrent Laocoon et ses deux fils. Le peuple pensa qu'ils avaient été punis pour avoir refusé l'offrande.

La chute de Troie

L'unique moyen de faire entrer le cheval dans Troie était d'abattre une partie des murailles (celle qui avait été construite par Éaque). Quand ce fut fait, les Troyens le firent passer par cette brèche. Puis ils festoyèrent pour célébrer ce qu'ils croyaient être leur victoire. À l'intérieur du cheval de bois, les guerriers grecs demeuraient silencieux. Ils attendirent que la nuit tombe et que les Troyens soient endormis pour quitter leur cachette et ouvrir les portes de la ville. Tout en haut des murailles, Hélène, la femme pour laquelle la guerre avait eu lieu, alluma un flambeau. L'armée grecque vit la flamme : c'était le signal de l'assaut. Les Grecs détruisirent la ville, mirent à sac ses temples et pillèrent ses trésors. Priam, roi de Troie, fut tué, sa femme Hécube et sa fille Cassandre capturées. Le jeune fils d'Hector fut précipité du haut des remparts et sa femme devint la prisonnière des Grecs victorieux.

Pourquoi Hélène aida les Grecs

Hélène avait vécu à Troie pendant de nombreuses années. Elle avait épousé Pâris, qui l'avait enlevée à Sparte. Mais pendant tout ce temps, elle avait désiré revenir en Grèce. Ulysse l'assura que son vœu se réaliserait si elle trahissait les Troyens.

DIS-M'EN DAVANTAGE...

Qu'advint-il d'Hélène ?

La guerre avait éclaté parce que les Troyens s'étaient emparés d'Hélène, la plus belle femme du monde, en l'enlevant à Ménélas, son mari *(voir page 66)*. Mais l'histoire finit bien. Après la chute de Troie, Hélène et Ménélas furent réunis.

Le retour des héros

Après dix années de guerre, les héros espéraient regagner leurs foyers en quelques jours, mais il n'en fut rien. Les dieux étaient fâchés contre les Grecs. Ils n'avaient pas souhaité que Troie, une cité qu'ils avaient aidé à bâtir, fût totalement détruite. Ils considéraient le saccage de ses temples comme un sacrilège. Aussi, pour punir les Grecs, les dieux déchaînèrent la tempête sur leur flotte. De nombreux vaisseaux sombrèrent et peu échappèrent au désastre. L'un d'eux était le navire d'Agamemnon, que protégeait la déesse Héra. Mais quand il regagna son palais, une mauvaise surprise l'attendait. Pendant son absence, son épouse Clytemnestre avait rencontré un autre homme. Ils complotèrent contre Agamemnon et l'assassinèrent dans son bain.

La colère d'Athéna

Athéna avait soutenu les Grecs pendant toute la guerre, mais la ruine de Troie la rendit furieuse. Elle déchaîna la tempête pour châtier les vainqueurs.

DIS-M'EN DAVANTAGE...

Hélène et Ménélas vécurent-ils heureux ensuite ?

Après avoir échappé à la tempête, Ménélas et Hélène mirent sept longues années à rentrer chez eux. C'est donc après dix-sept ans d'absence qu'ils regagnèrent Sparte, où ils passèrent le reste de leur vie. Quand Ménélas fut âgé, Zeus le transporta dans les Champs-Élysées. Grâce à Apollon, Hélène devint une déesse.

Est-ce bien la fin de l'histoire ?

Voici que nous arrivons au terme de notre récit. Mais la fin d'une histoire est bien souvent le début d'une autre. Un héros troyen qui avait combattu les Grecs s'échappa des ruines de Troie. Il se nommait Énée. Il fuit la cité, portant sur son dos Anchise, son père, qui était boiteux, et dans ses bras son jeune fils, Ascagne. Énée emporta aussi des objets consacrés aux dieux de Troie. Il erra longtemps, cherchant un endroit où il pourrait fonder un nouveau royaume. Il alla en Thrace, dans l'île de Délos, puis en Crète, mais son destin n'était pas de s'installer dans ces endroits. Il ne resta pas non plus en Sicile, où mourut son père. Tout changea quand il débarqua en Italie. Il remonta le Tibre et parvint dans le pays sur lequel régnait le roi Latinus. Énée épousa sa fille Lavinia et fonda une ville qu'il appela Lavinium, en son honneur. Quand son fils Ascagne fut grand, il fonda lui aussi une ville en Italie. Et, bien des années plus tard, un descendant d'Énée, Romulus, fonda à son tour une autre ville, qu'il nomma Rome. Vous en avez peut-être entendu parler…

Énée, ancêtre des Romains

Une prophétie annonçait qu'Énée mangerait un jour le plat sur lequel on lui avait servi son repas, et que l'endroit où cela se produirait deviendrait son nouveau foyer. En Italie, sur les bords du Tibre, Énée mangea la fine tranche de pain qu'il avait utilisée comme assiette. C'est là qu'il fonda la ville de Lavinium.

DIS-M'EN DAVANTAGE...

Qu'advint-il de Troie ?

La famille royale avait été exterminée, les habitants massacrés ou réduits en esclavage, la ville était en ruine et ne pouvait renaître. Il n'en reste qu'un souvenir lointain, qui survit dans des histoires comme celle-ci.

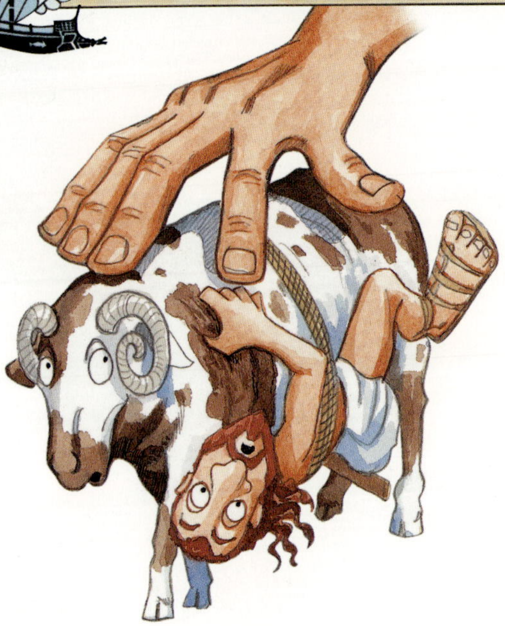

Le voyage d'Ulysse

Quelques héros de cette histoire

ULYSSE

Le nom grec de ce héros, Odusseus, sert de titre à *l'Odyssée* d'Homère qui raconte son retour de Troie. Et quel retour ! Tournez les pages qui suivent pour aller de surprise en surprise en compagnie d'un homme extraordinaire.

PÉNÉLOPE

À peine Ulysse l'a-t-il épousée qu'il est parti pour la guerre de Troie. De longues années ont passé et toujours Pénélope attend son mari. Malgré les demandes des prétendants, elle refuse obstinément de se remarier.

POLYPHÈME

Fils de Poséidon, ce cyclope est brutal et cruel. La nymphe Galatée ayant repoussé ses avances, il n'a pas hésité à écraser sous des rochers son rival plus chanceux. Quand survient Ulysse, Polyphème use à nouveau de la force.

TÉLÉMAQUE

Fils d'Ulysse et de Pénélope, il n'est qu'un enfant quand son père part pour Troie. Devenu jeune homme, son précepteur Mentor et la déesse Athéna lui conseillent de partir à la recherche d'Ulysse. En vain ! Jusqu'au jour où…

CIRCÉ

C'est la plus célèbre magicienne de la mythologie. N'est-elle pas capable de faire descendre les étoiles du ciel ? On dit aussi qu'elle transforme en animal quiconque ose poser le pied dans son palais enchanté. Voilà qui promet !

POSÉIDON

Dieu de la mer et des rivières, maître des tremblements de terre et des raz de marée, Poséidon occupe une place de choix dans cette aventure sur les flots bleus de la Méditerranée. Quand on navigue, mieux vaut l'avoir avec soi que contre soi !

Dis-nous, conteur...

Installez-vous autour de moi et écoutez mon histoire. Je vais vous parler de l'un des plus grands héros que la Grèce ait connus – le brave Ulysse, roi de l'île d'Ithaque. Son aventure commença quand il rejoignit ses compatriotes pour attaquer la ville de Troie. Ils l'assiégèrent durant dix années, jusqu'à ce qu'Ulysse, le plus rusé des Grecs, trouve le moyen de tromper les Troyens et mette ainsi fin à la guerre. Avec quelques guerriers, il se dissimula dans un gigantesque cheval de bois, en espérant que les Troyens le traîneraient à l'intérieur de la ville. Et ils commirent cette folie ! La nuit venue, les Grecs sortirent de leur cachette et ouvrirent les portes de la ville à leurs camarades. Les Troyens, surpris, furent écrasés. Lassé de la guerre et désireux de revoir son épouse Pénélope, Ulysse prit la mer avec une flotte de douze navires pour rentrer chez lui.

Tristes lendemains de fête

Alors qu'ils faisaient route vers Ithaque, Ulysse et ses hommes abordèrent à Ismarus, une cité de Thrace. Ils ravagèrent la ville, pillant et massacrant, avant de regagner leurs navires en toute hâte. Ulysse, avec sagesse, voulait lever l'ancre avant que les habitants ne cherchent à se venger, mais les marins préférèrent festoyer et ne tardèrent pas à être ivres morts. Ils furent réveillés par les hurlements des guerriers cicones, venus châtier les meurtriers de leurs voisins. Après un combat sanglant, les Grecs prirent la fuite à bord de leurs navires : soixante-douze d'entre eux avaient péri. Pleurant leurs camarades, ils mirent le cap sur le pays des Lotophages et Ulysse envoya trois hommes en reconnaissance. Comme ils ne revenaient pas, il partit à leur recherche. Il finit par les retrouver dans un état de complète hébétude et les ramena à bord.

L'attaque d'Ismarus

Les Grecs pillèrent la ville d'Ismarus, puisant dans son trésor et faisant provision d'eau, de nourriture et de vin pour le voyage.

DIS-M'EN DAVANTAGE...

Pourquoi les hommes d'Ulysse étaient-ils inconscients ?

Les Lotophages leur avaient donné des fruits de lotus. Ils les mangèrent et oublièrent qui ils étaient et ce qu'ils avaient à faire.

Le cyclope Polyphème

Poursuivant leur voyage, les hommes parvinrent au pays des Cyclopes. Ulysse était impatient de voir ces géants qui ne possédaient qu'un œil et, avec quelques compagnons, pénétra dans l'une de leurs cavernes. Bientôt, le propriétaire des lieux revint : c'était le gigantesque Polyphème, qui les fixa de l'œil unique qu'il portait au milieu du front. Furieux de trouver ces intrus installés chez lui, il saisit deux marins et les dévora. Puis, afin d'être certain que les autres ne pourraient s'échapper, il boucha l'entrée de la grotte à l'aide d'un gros rocher. Les hommes étaient terrifiés, mais Ulysse trouva bientôt un moyen de s'enfuir. La nuit suivante, profitant du sommeil de Polyphème, ils taillèrent un pieu en pointe et l'utilisèrent pour crever l'œil du cyclope. Au matin, quand Polyphème repoussa le rocher pour laisser sortir ses moutons, les marins se glissèrent à l'extérieur. Fou de rage, le cyclope supplia Poséidon de le venger.

Ulysse trompe le cyclope

Le matin venu, Polyphème, rendu aveugle, s'assit à l'entrée de la caverne et tâta le dos de ses moutons afin de s'assurer que les hommes ne sortaient pas avec eux. Il ne les trouva pas car ils étaient accrochés sous le ventre des bêtes.

DIS-M'EN DAVANTAGE...

Pourquoi Polyphème appelle-t-il Poséidon ?

Parce qu'il est son fils ! Le dieu en voulut beaucoup à Ulysse et décida de tout faire pour l'empêcher de regagner sa patrie.

Le gardien des vents

Ulysse et ses hommes firent ensuite escale dans l'île où vivait Éole, dieu des vents. Celui-ci accueillit chaleureusement Ulysse et lui remit une mystérieuse outre de cuir, en lui recommandant de ne pas l'ouvrir. Puis il fit souffler une brise légère, qui conduirait les navires à destination. Mais à peine Ulysse eut-il tourné les talons que son équipage, convaincu que l'outre renfermait un trésor, l'ouvrit avec avidité. De terribles tempêtes s'en échappèrent, poussant à nouveau les bateaux vers l'île ! Cette fois, Éole refusa de leur venir en aide. Mais le pire restait à venir. Ils abordèrent au rivage des Lestrygons, dont le roi Antiphatès, un géant mangeur de chair humaine, engloutit l'un des marins de l'équipage d'Ulysse. Les autres hommes prirent la fuite sur les navires, pourchassés par les géants.

Les Lestrygons

Les Lestrygons furieux poursuivirent les hommes qui s'enfuyaient à bord de leurs vaisseaux, leur lançant des javelots et des blocs de pierre. Pris au piège dans le port, les navires furent coulés, à l'exception de celui d'Ulysse.

DIS-M'EN DAVANTAGE...

Comment Ulysse réussit-il à s'échapper ?

Ulysse, ayant eu la sagesse de mouiller son navire à l'extérieur du port, put lever l'ancre rapidement et se mettre hors de danger.

La magicienne Circé

C'est en pleurant la mort de leurs camarades qu'Ulysse et son équipage voguèrent vers l'île de Circé. En débarquant, quelques hommes se rendirent à sa demeure pour chercher de l'aide. Mais Circé était une cruelle sorcière qui utilisait ses pouvoirs magiques pour transformer les hommes en bêtes. Autour de sa maison vivaient des lions et des loups apprivoisés : c'étaient les hommes qu'elle avait ensorcelés ! Elle fit très bon accueil aux marins d'Ulysse et leur offrit des mets délicieux. Mais quand ils eurent mangé et bu, elle les toucha de sa baguette et les transforma en porcs. Seul l'un d'entre eux, Euryloque, qui était prudemment resté à l'extérieur, parvint à s'échapper. Quand il vit ce qui arrivait à ses compagnons, il regagna le navire pour prévenir Ulysse. Celui-ci partit aussitôt affronter Circé. En chemin, il rencontra Hermès, messager des dieux, qui lui fournit de quoi se protéger des enchantements de la magicienne.

Ulysse affronte Circé

Quand Circé frappa Ulysse de sa baguette, il dégaina rapidement son épée. Craignant pour sa vie, Circé accepta aussitôt de rendre leur forme humaine à ses compagnons.

DIS-M'EN DAVANTAGE...

Comment Hermès protégea-t-il Ulysse ?

Il lui remit une plante appelée moly, afin qu'il la mette dans tout ce que lui servirait Circé. Il serait ainsi protégé de ses enchantements.

Une visite aux Enfers

Circé conseilla à Ulysse de descendre aux Enfers demander au devin Tirésias comment il pourrait rentrer chez lui. Ulysse fut empli de désarroi, car personne n'était jamais revenu des Enfers, où séjournaient les esprits des morts. Mais il suivit pourtant le conseil de Circé. Aux Enfers, Tirésias apprit au héros qu'il s'était fait un redoutable ennemi en la personne de Poséidon. Il lui affirma qu'il lui était encore possible de regagner Ithaque sain et sauf, à condition de ne pas maltraiter les bœufs de l'île du Soleil. De nombreux morts vinrent aussi parler à Ulysse, comme sa mère ou Achille, son vieux camarade de combat. Il vit aussi Sisyphe, que les dieux avaient condamné à pousser sans cesse un rocher sur le flanc d'une montagne afin d'expier ses fautes. Tant d'esprits se pressaient en gémissant autour de lui qu'il prit peur et se hâta de regagner son navire.

La mère d'Ulysse

Aux Enfers, Ulysse rencontra le spectre de sa mère. Il ignorait sa mort et, submergé par le chagrin, tenta en vain de l'embrasser. Elle l'avertit qu'en son absence, sa famille était en danger à Ithaque.

DIS-M'EN DAVANTAGE...

Les instructions de Circé

Une fois aux Enfers, Ulysse devait creuser un trou et le remplir du sang d'un bélier et d'un mouton sacrifiés. Les esprits des morts ne lui parleraient qu'après avoir bu dans cette fosse.

Attention aux Sirènes !

Circé fut ravie de voir Ulysse revenir sain et sauf des Enfers. À nouveau, elle le mit en garde contre les périls qui le menaçaient. Il ne tarda pas à rencontrer le premier : l'île des Sirènes. C'étaient des monstres mi-femmes mi-oiseaux. Envoûtés par la beauté de leur chant, les marins laissaient leurs navires se fracasser sur les rochers. Ulysse suivit le conseil de Circé. Il boucha les oreilles de ses hommes avec de la cire, puis il leur ordonna de le ligoter étroitement au mât : il pourrait écouter les Sirènes et néanmoins survivre. Quand ils passèrent près de l'île, Ulysse fut tellement transporté par les chants qu'il supplia ses marins de le détacher. Mais comme ils ne l'entendaient pas, ils ramèrent et s'éloignèrent, évitant la catastrophe.

L'avertissement de Circé

Circé mit en garde Ulysse contre les dangers qu'il rencontrerait pendant son voyage de retour. Quand il aurait échappé aux Sirènes, il rencontrerait Scylla, un monstre mangeur d'hommes, et Charybde, un tourbillon qui aspirait les navires. Elle lui conseilla de passer le plus près possible de la grotte de Scylla ; sinon Charybde engloutirait presque sûrement son équipage.

DIS-M'EN DAVANTAGE...

Qu'arriva-t-il aux Sirènes ?

Selon certaines légendes, elles se tuèrent en se jetant du haut des rochers. Elles étaient désespérées qu'Ulysse ait résisté à leur chant et qu'il ait pu mettre ses hommes en garde.

Charybde et Scylla

Ulysse et son équipage pénétrèrent dans un détroit bordé de falaises escarpées. D'un côté se cachait la perfide Charybde, et de l'autre Scylla, le monstre à six têtes. Se souvenant des conseils de Circé, Ulysse ordonna à ses hommes terrifiés de passer au plus près de la grotte de Scylla, évitant ainsi Charybde. Puis il prit ses armes et se prépara à affronter Scylla. Mais elle fut plus rapide que lui : les six longs cous jaillirent dans toutes les directions, et chaque tête emporta un homme entre ses crocs acérés. Quand ils sortirent du détroit, les marins étaient abasourdis et épuisés. Ils décidèrent de se reposer sur l'île du Soleil. Bien qu'Ulysse leur ait interdit de tuer les bœufs qui y paissaient, ils désobéirent. Dès qu'ils reprirent la mer, Zeus, furieux, les frappa de sa foudre. Tous les hommes périrent noyés, à l'exception d'Ulysse.

Les bœufs du Soleil

Ulysse ne voulait pas débarquer sur l'île du Soleil, mais ses hommes exténués voulaient une escale. Ils avaient promis de ne pas faire de mal aux bœufs, mais quand leurs vivres furent épuisés, ils en mangèrent deux. Ulysse, qui se rappelait les avertissements de Tirésias, fut horrifié.

DIS-M'EN DAVANTAGE...

Ulysse fut-il puni ?

Le dieu Soleil avait demandé à Zeus de châtier les hommes qui avaient tué ses bœufs. Ulysse fut épargné car il n'en avait pas mangé.

Calypso et Nausicaa

Les vagues rejetèrent Ulysse sur le rivage de l'île où vivait la nymphe Calypso. Désespéré par la perte de tout son équipage, il accepta volontiers l'hospitalité de Calypso pendant quelques jours ; mais elle voulait le garder pour toujours avec elle et ne l'aida pas à repartir. Peiné de ce qui arrivait au héros, les dieux envoyèrent sur l'île leur messager Hermès. Calypso se montra difficile à convaincre, mais finit par accepter le départ d'Ulysse. Elle l'aida à construire un radeau et il prit la mer, une fois encore. Quand Poséidon s'en aperçut, il entra dans une terrible colère et réduisit le radeau en pièces. Des jours durant, Ulysse fut ballotté par les flots déchaînés, avant d'aborder au rivage des Phéaciens. Il y fut découvert par la princesse Nausicaa qui le conduisit au palais de son père. Après qu'Ulysse eut raconté ses tragiques aventures, les Phéaciens lui offrirent un bateau, le chargèrent de cadeaux et lui souhaitèrent de retourner chez lui sain et sauf.

La fureur de Poséidon

Poséidon était toujours furieux qu'Ulysse ait aveuglé son fils, le cyclope Polyphème. Il était en colère contre les autres dieux qui venaient en aide à Ulysse et bien décidé à empêcher le héros de rentrer chez lui.

DIS-M'EN DAVANTAGE...

Nausicaa et Ulysse

Tandis qu'elles lavaient du linge près de la mer, Nausicaa et ses servantes découvrirent Ulysse, rejeté sur le rivage. Il avait un aspect effrayant. Les servantes, terrifiées, s'enfuirent, mais la princesse traita Ulysse avec bonté.

Enfin chez soi !

Ulysse s'éveilla sur une nouvelle plage, sans savoir où il se trouvait. Le navire des Phéniciens était reparti et le paysage noyé dans la brume. Celle-ci se dissipa bientôt, et la déesse Athéna apparut. Elle révéla au héros qu'il était de retour à Ithaque ; Ulysse embrassa le sol, heureux de retrouver sa patrie. Mais Athéna apportait aussi de mauvaises nouvelles. Elle annonça au héros que sa vie était menacée et lui conseilla de chercher asile chez son fidèle porcher, Eumée, jusqu'à ce qu'il ait mis au point un plan pour éliminer ses ennemis. Athéna donna à Ulysse l'aspect d'un vieux mendiant afin que personne ne puisse le reconnaître. C'est un homme aux cheveux gris et appuyé sur un bâton qui se dirigea vers la cabane d'Eumée. S'il ne reconnut pas son maître, le porcher accueillit chaleureusement le mendiant, lui offrant le gîte et le couvert.

Ulysse dans la cabane d'Eumée

Quand Ulysse arriva à la cabane, les chiens d'Eumée se précipitèrent vers lui, mais le porcher les empêcha d'attaquer le vieux mendiant. Ulysse ne révéla pas son identité mais affirma à un Eumée incrédule qu'Ulysse était vivant et serait bientôt de retour.

DIS-M'EN DAVANTAGE...

Pourquoi Athéna envoya-t-elle Ulysse chez Eumée ?

Athéna savait qu'Eumée était l'une des rares personnes en qui Ulysse pouvait avoir confiance.

Les prétendants de Pénélope

À Ithaque, les vingt ans d'absence d'Ulysse ne s'étaient pas écoulés sans heurts. La plupart des gens pensaient qu'il ne reviendrait jamais. Depuis des années, la belle Pénélope, femme d'Ulysse, était importunée par des hommes qui voulaient tous l'épouser et devenir roi d'Ithaque. Pénélope aimait Ulysse et refusait de choisir un autre mari. Les prétendants n'en demeuraient pas moins au palais, où ils festoyaient, engloutissant les réserves et le vin d'Ulysse. Ils préparaient aussi le meurtre de Télémaque, son fils et héritier. Télémaque se savait en danger ; quand Athéna lui ordonna de se rendre à la cabane d'Eumée, il le fit aussitôt. Là, il retrouva son père. Ensemble, ils mirent au point un plan pour se débarrasser de leurs ennemis.

Le plan de Pénélope

Elle dit qu'elle ne pourrait épouser aucun prétendant avant d'avoir achevé de tisser un linceul pour Laërte, le père d'Ulysse. Mais afin de repousser ce mariage, elle défaisait chaque nuit en cachette l'ouvrage de la journée. Une servante ayant trahi son secret, les prétendants exigèrent qu'elle épouse sans délai l'un d'entre eux.

DIS-M'EN DAVANTAGE...

Ulysse et son fils

Télémaque eut du mal à croire que le mendiant n'était autre que son père, même quand Athéna lui eut redonné son aspect normal. Ulysse était parti combattre les Troyens alors que son fils le connaissait à peine.

Des rivaux jaloux

Le lendemain, Ulysse prit le chemin du palais. Il avait toujours l'aspect d'un mendiant et seul son vieux chien le reconnut. Quand ils virent le vieil homme, les prétendants se moquèrent de lui et l'un d'eux lui jeta même un tabouret. Ulysse était furieux mais savait que le temps de la vengeance n'était pas encore venu. Iros, l'énorme mendiant du palais, n'était guère satisfait de voir quelqu'un lui faire concurrence. Il provoqua Ulysse, lui proposant un match de boxe. Le héros accepta et surprit tout le monde en le terrassant d'un unique et définitif coup de poing. Le soir, quand les prétendants se furent retirés, Ulysse et Télémaque cachèrent leurs armes. Ulysse savait que dans un combat, il serait en infériorité numérique : pour vaincre, il aurait besoin de sa force et de toute son astuce. En dépit de son déguisement, il fut reconnu par sa vieille nourrice Euryclée.

DIS-M'EN DAVANTAGE...

Comment Euryclée reconnut-elle Ulysse ?

Alors qu'elle lui lavait les pieds, elle vit une cicatrice sur sa jambe, semblable à la blessure qu'Ulysse s'était faite étant enfant, lors d'une chasse au sanglier. Le héros dit à Euryclée de garder le secret jusqu'à ce qu'il soit venu à bout de ses ennemis.

Ce n'est qu'un vieux mendiant...

Pénélope ne reconnut pas son mari. Elle lui dit qu'elle ne pouvait pas attendre plus longtemps son retour et devait en épouser un autre.

Tir au but !

Le lendemain, Pénélope organisa un concours de tir à l'arc et promit d'épouser le vainqueur. Mais aucun des prétendants ne put bander le grand arc qui avait appartenu à Ulysse. Ils acceptèrent de laisser le mendiant tenter sa chance et, sous leurs yeux horrifiés, il réussit sans difficulté. Alors Athéna, sous la forme d'une hirondelle, conduisit au combat Ulysse, Télémaque et Eumée, qui exterminèrent leurs ennemis. C'est seulement à ce moment qu'Ulysse révéla son identité à Pénélope et à son vieux père Laërte. Les familles des prétendants massacrés, furieuses, marchèrent sur le palais en criant vengeance. Voyant le désordre, Athéna persuada chacun de mettre fin aux querelles et de vivre désormais en paix.

L'arc d'Ulysse

Pénélope demanda aux prétendants de se servir de l'arc d'Ulysse, afin de montrer leur force. À leur grande stupéfaction, le mendiant dont Ulysse avait revêtu l'aspect remporta le concours en transperçant d'une seule flèche les douze fers de hache qui avaient été alignés.

DIS-M'EN DAVANTAGE...

Bonheur conjugal

Pénélope ne reconnut pas Ulysse, même après qu'Athéna lui eut rendu son véritable aspect. Quand il lui raconta comment il avait construit leur lit de ses propres mains, elle sut que son mari était bien de retour.

Les aventures de Persée

Quelques héros de cette histoire

PERSÉE

Quel beau destin que celui de ce fils de Zeus, conçu sous forme de pluie d'or et sauvé des eaux alors qu'il n'est qu'un bébé. Plus les années passent, plus ses aventures deviennent extraordinaires. Découvrez-les vite !

DANAÉ

Jeune fille, elle est si belle que Zeus use de mille ruses afin de la séduire. Jeune mère, elle protège son fils de la colère du roi. Bientôt, c'est Persée lui-même qui veille sur les intérêts de sa mère. Un bel esprit de famille !

ACRISIOS

Roi d'Argos, il n'est pas mauvais homme. Mais il est complètement pris de panique lorsque un oracle lui annonce une funeste nouvelle. Saura-t-il contrarier le destin ?

POLYDECTÈS

Ce roi de Sériphos tombe amoureux de la belle Danaé. Pour parvenir à l'épouser, il va user de la ruse ; tous les moyens sont bons pour éloigner Persée qui s'oppose à une telle union !

ANDROMÈDE

Fille de l'orgueilleuse reine Cassiopée, la pauvre Andromède subit un sort peu enviable, enchaînée à un rocher et promise en pâture à un monstre marin. Le valeureux Persée arrivera-t-il à temps pour la sauver ?

HERMÈS

Le messager des dieux va prendre Persée sous sa protection, lui fournir des armes magiques et une foule de conseils pour triompher des épreuves. Dans l'adversité, rien ne vaut un petit coup de main divin !

Dis-nous, conteur…

Installez-vous autour de moi et écoutez mon récit. Tout le monde est prêt ? Bon… voici l'histoire de Persée, qui osa affronter la Gorgone Méduse. Mais attention ! cette légende ne fera pas naître en vous de beaux rêves : elle va plutôt vous donner des cauchemars. Tout commença à Argos. Le roi Acrisios était alors plongé dans un trouble profond. Bien qu'il gouvernât son royaume avec sagesse, son frère Proétos voulait s'en emparer. Confronté à une telle perfidie, Acrisios désirait de toutes ses forces avoir un fils, un garçon courageux, qui pourrait lui succéder sur le trône d'Argos. Mais le destin en avait décidé autrement. Son unique enfant était une fille, la belle Danaé. Le roi consulta l'oracle, espérant y trouver quelque réconfort, mais la réponse le glaça. « Tu n'auras jamais de fils, dit la prêtresse, et ton petit-fils te tuera. » « Non ! hurla Acrisios. Tu te trompes. Je ne vais pas laisser faire ça. Si ma fille ne se marie jamais, alors je n'aurai pas de petits-enfants et je serai sauvé. »

La naissance de Persée

Acrisios regagna immédiatement son palais et ordonna à ses gardes d'emprisonner la malheureuse Danaé dans une haute tour de bronze. « Pourquoi, père, dit-elle en sanglotant. Qu'ai-je fait de mal ? » Mais les tours les plus hautes sont bien incapables d'empêcher les dieux d'entrer. Le tout-puissant Zeus entendit les pleurs de Danaé et tomba amoureux d'elle. Il la rejoignit sous la forme d'une pluie d'or… et elle fut bientôt enceinte ! Neuf mois plus tard, elle donnait naissance à un fils, Persée. Terrifiée à l'idée de ce que pourrait lui faire son père, elle cacha l'enfant dans sa chambre, faisant taire le moindre bruit. Elle parvint ainsi à garder le secret pendant plusieurs mois, mais un jour, par malheur, le roi entendit Persée pleurer. Fou de rage, il enferma son petit-fils et Danaé dans un grand coffre de bois qu'il fit jeter dans la mer Égée. Acrisios regarda le coffre partir à la dérive, en espérant que ses occupants périraient bientôt.

La prison de Danaé

Le roi Acrisios fit-il vraiment enfermer Danaé dans une tour de bronze ? Selon d'autres versions de l'histoire, il s'agissait d'un donjon dont les portes étaient de fer, et que gardaient des chiens féroces. Quoi qu'il en soit, la prison n'était pas assez sûre. Zeus put y entrer et Danaé devint mère.

DIS-M'EN DAVANTAGE...

Qui était Zeus ?

Zeus était le plus puissant des dieux grecs. Maître du ciel et du tonnerre, il foudroyait ses ennemis. Très sensible à la beauté féminine, il eut de nombreuses aventures amoureuses avec des mortelles.

Sauvés !

Dictys le pêcheur était assis sur les rochers de l'île de Sériphos. Au moment où il allait lancer son filet, il aperçut quelque chose à la surface de la mer. Un morceau de bois, peut-être ? Non, c'était un coffre qui dansait sur les vagues tel un petit bateau ! Dictys le prit dans son filet et le hala vers lui, impatient d'ouvrir le couvercle. Quelle ne fut pas sa surprise quand sortirent du coffre une jeune femme épuisée et son enfant. Entendant le récit de Danaé, il eut pitié des naufragés et leur offrit asile. Ils vécurent ainsi, heureux, pendant plusieurs années, et Persée devint un vigoureux jeune homme. Mais la beauté de Danaé allait encore leur causer des ennuis ! Un jour, Polydectès, roi de Sériphos et frère de Dictys, les fit appeler. Il était tombé amoureux de Danaé et avait décidé qu'elle deviendrait sa femme. Quand elle refusa, il se mit en colère et lui ordonna d'obéir. Mécontent, Persée prit sa mère sous sa protection et avertit le roi qu'il ferait mieux de la laisser en paix.

Dictys le pêcheur

Le pêcheur Dictys, dont le nom signifie « filet », bien que frère de Polydectès, n'était pas pour autant un prince de haute lignée. Les souverains de la Grèce antique régnaient souvent sur de petits royaumes et leurs parents pouvaient exercer des métiers très ordinaires tels que marin ou potier.

DIS-M'EN DAVANTAGE...

Qui était Polydectès ?

Polydectès veut dire « très accueillant », mais le roi de Sériphos ne méritait guère son nom. Il exigea que Danaé l'épouse et n'envisageait pas une réponse négative.

Polydectès lance un défi

Effrayé par Persée, Polydectès entreprit d'utiliser la ruse pour s'emparer de Danaé. Il annonça qu'il allait épouser une autre femme, Hippodamie, et invita les principales personnalités de l'île à un banquet. Pendant la fête, il leur demanda à chacun un beau cadeau de mariage : un cheval.
« Sériphos n'est qu'une petite île, dit-il, et je ne veux pas avoir l'air d'un mendiant à côté des autres rois qui prétendent à la main d'Hippodamie. M'aideras-tu, noble Persée ? »
Persée était pauvre, mais fier.
« Je n'ai ni chevaux ni or, mais si tu laisses ma mère tranquille, j'irai te chercher le cadeau que tu voudras, et même la tête de Méduse, la Gorgone. »
Polydectès fit une grimace de satisfaction. Cet idiot creusait sa propre tombe. Même s'il parvenait à l'approcher, il ne survivrait jamais au combat contre Méduse.
« Cela me plairait davantage que tous les chevaux du monde. Pars à l'instant, brave Persée. Puisses-tu revenir bientôt sain et sauf. »

Qui étaient les Gorgones ?

Les Gorgones étaient trois sœurs : Sthéno, Euryale et Méduse. Elles avaient le corps couvert d'écailles, leurs chevelures se hérissaient de serpents et leurs bouches arboraient des défenses, comme les sangliers. Les Gorgones étaient si hideuses que celui qui les regardait était aussitôt changé en pierre.

DIS-M'EN DAVANTAGE...

Laide comme Méduse

Elle était autrefois d'une grande beauté et Poséidon en était amoureux. Ils passèrent la nuit dans un temple consacré à Athéna. La déesse en fut si indignée qu'elle transforma Méduse en monstre.

Avec l'aide des dieux

Au bord du désespoir, Persée arriva dans un lieu désert de Sériphos. « Quelle chance ai-je donc de trouver Méduse, sans parler de la tuer ? » gémissait-il. À ce moment précis, Athéna et le dieu Hermès lui apparurent. Ayant observé sa rencontre avec Polydectès, ils avaient décidé de l'aider.
Ils emmenèrent Persée dans l'île de Samos et lui montrèrent des portraits des trois Gorgones. Athéna le mit en garde : « Tu dois être capable de reconnaître Méduse. Elle est mortelle, alors que ses sœurs ne le sont pas. Si tu les attaques, elles te tueront. » Puis ils armèrent Persée. Hermès lui donna un sabre de cristal courbe, assez aiguisé pour trancher les écailles de Méduse. Athéna lui remit un bouclier, si poli qu'il resplendissait comme un miroir. « Utilise-le pour rechercher ton ennemie, dit elle. Tu peux contempler son reflet sans risque, mais ne la regarde jamais droit dans les yeux. »

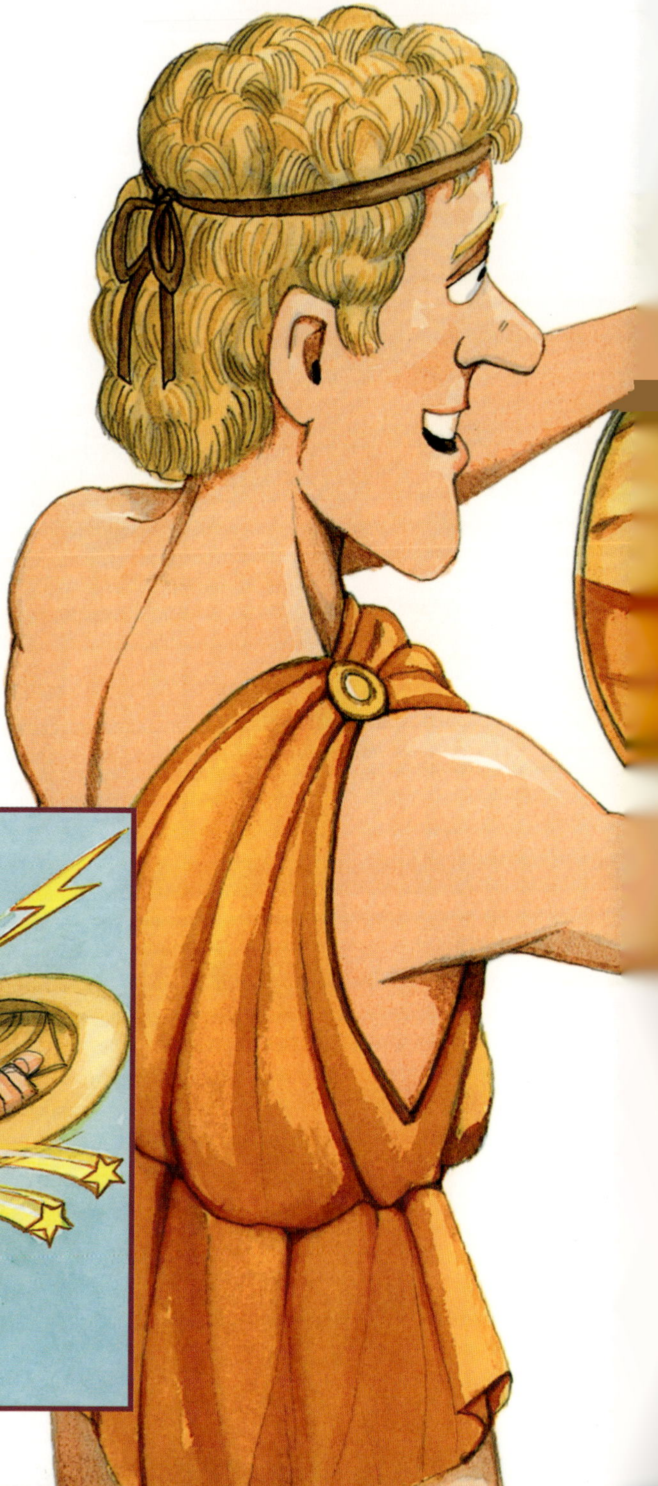

Athéna, déesse guerrière

C'était la protectrice d'Athènes et de tous les artisans. Sa naissance fit beaucoup souffrir son père Zeus. Il était torturé par de violents maux de tête et Hermès lui envoya Héphaïstos, dieu des forgerons. Celui-ci assena sur la tête de Zeus un coup de son énorme marteau. Athéna, adulte et en armes, jaillit de la blessure.

DIS-M'EN DAVANTAGE...

Qui était Hermès ?

Hermès était le fils de Zeus et de Maia. Encore enfant, il vola un troupeau de bœufs qui appartenait à Apollon, dieu de la raison et de la musique. Il fit marcher le troupeau à l'envers afin de tromper Apollon quand celui-ci se lancerait sur ses traces. La vivacité d'esprit d'Hermès attira l'attention de Zeus qui en fit le messager des dieux, ainsi que le protecteur des routes et des voyageurs.

L'œil qui voit tout

Pour finir, Athéna et Hermès dirent à Persée de se mettre à la recherche des trois Grées, qui habitaient une grotte au pied d'une immense montagne. Elles savaient comment trouver les Gorgones et les Nymphes de Stygie : mais encore fallait-il qu'elles acceptent de parler ! « Les Nymphes t'aideront, assura Athéna. N'essaie pas de tuer Méduse avant de les avoir rencontrées. » Quand Persée parvint chez les Grées, il fut stupéfait. C'étaient de vieilles sorcières qui, à elles trois, ne possédaient qu'un seul œil et une seule dent. Il se faufila discrètement près d'elles et attendit qu'une occasion se présente. Quand l'œil et la dent passèrent d'une sorcière à l'autre, Persée bondit et s'en empara. Les Grées, à présent aveugles, poussèrent des cris de rage. « Si vous voulez récupérer vos biens, leur dit Persée, indiquez-moi le chemin qui mène chez les Nymphes et chez vos maudites sœurs. » Elles n'avaient pas le choix et lui fournirent ces renseignements.

Les Vieilles

Les Grées étaient aussi appelées « les Vieilles » car elles étaient nées avec les cheveux gris. Certaines légendes évoquent leur extraordinaire beauté, alors que d'autres les décrivent comme d'affreuses mégères !

DIS-M'EN DAVANTAGE...

Qui étaient les Grées ?

Les Grées étaient trois sœurs nommées Enyo (la Belliqueuse), Pemphredo (la Guêpe) et Déino (la Terrible). Elles étaient les sœurs des Gorgones.

Les Nymphes de Stygie

Les Nymphes de Stygie réservèrent un accueil chaleureux à Persée et lui firent trois présents qui lui seraient utiles dans son combat contre les Gorgones. Le premier était une paire de sandales ailées, semblables à celles que portait Hermès, le second un casque magique et le troisième une *kibisis*, c'est-à-dire une besace en argent. Quand il chaussa les sandales, Persée rit de plaisir : elles lui permettaient de voler !
Il remercia les Nymphes et s'éleva dans le ciel, tel un faucon à la recherche de sa proie. Les Grées lui avaient dit que les Gorgones vivaient en Hyperborée, au pays des Vents du Nord. Après un long voyage, Persée se posa près du repaire des Gorgones et le spectacle qu'il découvrit le fit frémir. Partout se dressaient des hommes et des animaux que le regard maudit de Méduse avaient changés en pierre. Persée se souvint de l'avertissement d'Athéna et garda désormais les yeux fixés sur le reflet de son bouclier.

Le Casque d'Invisibilité

Ce casque magique était appelé « Casque d'Invisibilité ». Pendant la guerre de Troie *(voir page 62 et suivantes)*, Athéna le coiffa la première fois qu'elle vint combattre aux côtés des Grecs. Il fut plus tard donné à Persée.

DIS-M'EN DAVANTAGE...

La besace d'argent

Outre les sandales ailées, les Nymphes remirent à Persée d'autres ustensiles précieux. Le Casque d'Invisibilité rendait invisible celui qui le portait. Quant à la besace d'argent, elle changeait de taille et pouvait contenir tout ce qu'on y mettait.

Persée affronte Méduse

Persée eut de la chance. Les Gorgones dormaient et il put se glisser au milieu des affreuses sœurs. Se servant de son bouclier, il repéra Méduse et prépara son sabre de cristal. « Du calme à présent, se dit-il, tu n'auras pas de seconde chance ! » Mais il avait bien visé et trancha d'un seul coup la tête de son ennemie. Il se pencha pour la ramasser et la mit dans sa besace. Les serpents de la chevelure sifflèrent affreusement quand il la ferma. Puis ce fut l'horreur. Persée ignorait que Méduse était enceinte de Poséidon. En mourant, elle donna naissance à Pégase, un cheval ailé, et à Chrysaor, guerrier armé d'une épée d'or. Pleurant leur mère, les nouveau-nés éveillèrent ses sœurs Sthéno et Euryale. Persée fit demi-tour et prit la fuite à l'aide de ses « semelles de vent ».

La plainte des Gorgones

L'humour d'Athéna ne manquait pas de cruauté. En entendant Sthéno et Euryale pleurer la mort de Méduse, elle fut emplie de joie et inventa une flûte qui imitait le son de leurs gémissements. Elle offrit aux hommes ce nouvel instrument qu'elle appela « la musique de nombreuses têtes ».

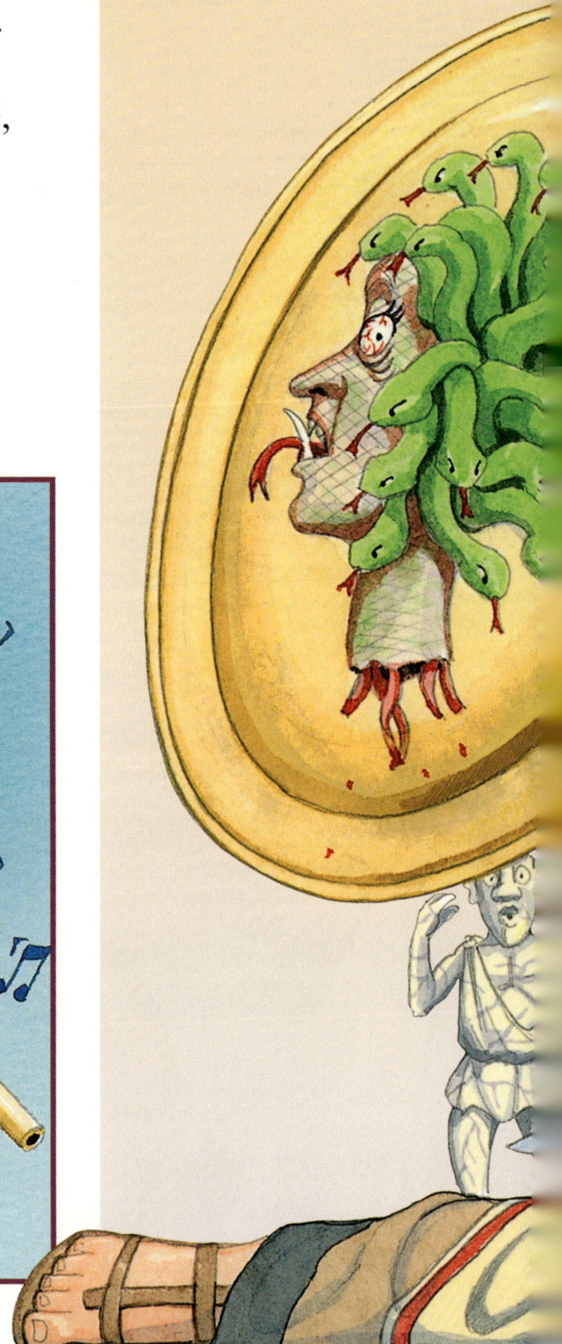

DIS-M'EN DAVANTAGE...

Comment Persée parvint-il à s'échapper ?

Persée ne pouvait tuer ni Sthéno ni Euryale : il lui fallait courir vite, ou plutôt voler, pour sauver sa vie. Mais les Gorgones le poursuivirent. Il leur échappa en se dissimulant grâce au Casque d'Invisibilité.

La malédiction d'Atlas

Persée vola vers le sud jusqu'à ce que des vents trop forts contrarient sa course. Il s'arrêta pour se reposer dans le pays sur lequel régnait le Titan Atlas. Atlas était un dieu doté d'une force extraordinaire et personne n'osait le mécontenter. Un millier de troupeaux de bœufs parcouraient paisiblement ses terres et les voleurs se tenaient bien à l'écart des pommes d'or qui poussaient dans ses vergers. Persée lui demanda asile pour la nuit et fit de son mieux pour produire une impression favorable sur le géant : « Si une noble origine a de l'importance, sache que je suis le fils du tout-puissant Zeus. » Voilà une fanfaronnade dont il aurait mieux valu se passer. Un oracle avait averti Atlas que ses pommes lui seraient dérobées par un fils de Zeus, son vieil ennemi. « Hors d'ici ! va-t'en ! ordonna le Titan. Tu n'es pas le bienvenu en ces lieux. » S'estimant gravement insulté, Persée se battit avec Atlas… et sortit la tête de Méduse de la besace. Quand le géant posa le regard sur les yeux morts, il fut pétrifié et devint une chaîne de montagnes – les monts Atlas – qui, aujourd'hui encore, porte son nom.

Qui était Atlas ?

Atlas était un Titan, un de ces anciens dieux qui régnaient sur le monde avant que Zeus et les autres Olympiens ne s'emparent du pouvoir. Atlas prit la tête des Titans au cours de la guerre qu'ils menèrent contre Zeus. Ils ne furent vaincus qu'à cause des Cyclopes. Habiles forgerons dotés d'un œil unique, ils fabriquèrent pour les Olympiens des armes terribles, comme la foudre de Zeus.

DIS-M'EN DAVANTAGE...

Qu'arriva-t-il à Atlas ?

Dans la mythologie grecque, Atlas n'a vraiment pas de chance. Zeus lui avait réservé un châtiment particulier et il lui ordonna de porter le monde sur ses épaules. Quand Persée l'eut pétrifié, il ne connut pas davantage le repos. On dit toujours que la « voûte du ciel » repose sur ses sommets.

Andromède et le monstre marin

Pour rentrer chez lui, Persée longea la côte de l'Afrique. Comme il obliquait vers le nord et traversait la Philistie, il observa du ciel un spectacle qui éveilla sa pitié : une jeune femme était enchaînée à un rocher. Il descendit pour mieux voir, s'aperçut qu'elle était d'une beauté saisissante et en tomba aussitôt amoureux. Non loin de là, une foule en pleurs se tenait sur le rivage. Persée se posa. « Qui est cette fille ? demanda-t-il. Et qui donc ose la traiter ainsi ? » Son père Céphée et sa mère Cassiopée s'avancèrent, à bout de nerfs. « Nous sommes les souverains de ce pays, dirent-ils en pleurant. Poséidon, le seigneur des mers, a envoyé un monstre pour nous punir. Nous devons lui sacrifier notre fille, ou nous allons tous mourir. » Aussitôt Persée s'engagea à sauver Andromède ; en échange, ses parents acceptèrent qu'il l'épouse et la ramène en Grèce.

Les vantardises de Cassiopée

Comme sa fille Andromède, la reine Cassiopée était très belle. Elle avait affirmé qu'elles surpassaient toutes deux les Néréides en beauté. Lourde erreur ! Les Néréides étaient de superbes déesses marines et elles se plaignirent amèrement auprès de Poséidon de l'insulte que leur avait infligée cette simple mortelle.

DIS-M'EN DAVANTAGE...

La raison du sacrifice

Afin de punir la vaniteuse Cassiopée, Poséidon envoya un terrible monstre marin ravager la Philistie. Céphée interrogea l'oracle pour savoir ce qu'il devait faire. Il fut répondu que son seul espoir de sauver le pays était de livrer sa fille en pâture au monstre.

La jalousie d'Agénor

Persée, ayant dégainé son sabre de cristal, voletait au-dessus de la mer, bien décidé à arrêter le monstre. Mais chaque fois qu'il descendait, la féroce créature cherchait à le saisir entre ses mâchoires et le tenait ainsi à distance. C'est alors que Persée se rappela le Casque d'Invisibilité. Au moment où le serpent se jetait sur Andromède, Persée, profitant de son invisibilité, le frappa d'un coup terrible et lui trancha la tête.
Andromède était sauvée. Persée la délivra de ses chaînes et la porta sur le rivage. Elle avait tellement hâte d'épouser ce courageux héros qu'elle demanda à ce que les noces soient aussitôt célébrées. La foule applaudit. La cérémonie venait à peine de commencer quand surgit Agénor, avec une troupe de deux cents hommes armés. C'était l'ancien fiancé d'Andromède et il venait la réclamer ! Persée combattit avec courage mais fut submergé par le nombre de ses adversaires.

Parmi les étoiles

Dès que le monstre fut mort, Cassiopée s'opposa à Persée. Pour l'empêcher d'épouser Andromède, elle envoya un message à Agénor : « Viens tout de suite. Persée doit mourir ! » Poséidon voulut la punir de cette trahison et la plaça parmi les constellations. Elle a la forme d'un W.

DIS-M'EN DAVANTAGE...

Qu'arriva-t-il à Agénor ?

Pendant qu'ils se battaient sur la plage, Agénor était certain qu'il pourrait reprendre Andromède à Persée. Mais il ignorait ce que contenait la besace... Persée, ne voyant aucune possibilité de s'enfuir avec sa fiancée, sortit la tête de Méduse. Agénor et ses hommes furent aussitôt pétrifiés.

Persée vient au secours de sa mère

Persée revint à Sériphos en compagnie d'Andromède. En retrouvant sa mère, il apprit avec colère que Polydectès avait menti. Le roi persistait à vouloir contraindre Danaé à l'épouser. Persée fit irruption dans le palais où Polydectès donnait un banquet. « Voilà ton cadeau de noces ! » lui cria-t-il en jetant la besace à terre. Le roi et ses amis lui répondirent par un chœur d'insultes et de moqueries. « On ne peut pas tuer une Gorgone. Tu es un menteur ! » criaient-ils. Fou de rage, Persée fouilla dans la besace, sortit l'effroyable tête et la présenta à l'assistance. Tous ceux qui croisèrent les terribles yeux de Méduse furent changés en pierre. Persée sortit de la salle, abandonnant le roi et ses courtisans, figés à jamais dans leur silence minéral.

Un refuge dans le temple

Pour échapper à Polydectès pendant l'absence de Persée, Danaé et Dictys avaient trouvé refuge dans un temple. Le roi craignait d'aller les chercher et d'encourir ainsi la colère des dieux. Quand Persée en eut fini avec le roi Polydectès, il récompensa la loyauté de Dictys envers Danaé en lui offrant le trône de Sériphos.

DIS-M'EN DAVANTAGE...

Que devint la tête de Méduse ?

Une fois sa mère à l'abri, Persée estima qu'il avait achevé sa tâche. Athéna accepta la tête de Méduse et la plaça sur son bouclier. Elle devint l'un des emblèmes de la déesse.

La mort d'Acrisios

À présent, Persée aspirait à une vie tranquille. Il fit voile vers Argos avec sa mère et Andromède. Son grand-père Acrisios, qui l'avait enfermé dans le coffre de bois tant d'années auparavant, apprit son retour et se réfugia dans la ville de Larissa. Bientôt, et par le plus grand des hasards, Persée allait l'y suivre. Il s'y rendit pour participer aux jeux funéraires que le roi de Larissa donnait en l'honneur de son père. Persée lança le disque avec force et adresse. Mais brusquement, le vent se leva : les dieux allaient frapper. Le disque dévia de sa trajectoire, s'abattit sur le pied d'un vieux spectateur et le tua. À la surprise générale, il s'avéra qu'il s'agissait d'Acrisios.

Acrisios rattrapé par le destin

Acrisios fut terrifié en apprenant le retour de Persée à Argos. L'oracle avait prédit qu'il mourrait de la main de son petit-fils et c'était à coup sûr pour le tuer qu'il revenait. Il ne savait pas que Persée lui avait pardonné et voulait seulement se réconcilier avec lui. C'est en s'enfuyant qu'Acrisios permit à la prophétie de l'oracle de se réaliser.

DIS-M'EN DAVANTAGE...

Que ressentit Persée ?

Honteux, Persée ne retourna pas à Argos. Il échangea son royaume contre celui de son cousin, roi de Tirynthe. Persée et Andromède gouvernèrent Tirynthe pendant de longues et heureuses années.

Glossaire

Airain
Alliage métallique proche du bronze. La biche de Cérynie possède des cornes d'or et des sabots d'airain.

Amazones
Peuplade de femmes guerrières. On dit qu'elles tuaient leurs enfants mâles et se brûlaient le sein droit pour mieux tirer à l'arc.

Ambassadeur
Représentant d'un État auprès d'un État étranger. Certains ambassadeurs sont chargés de missions délicates afin de préserver la paix.

Carquois
Étui de toile ou de cuir dans lequel le guerrier ou le chasseur range ses flèches.

Centaure
Dans la mythologie grecque, être fabuleux au visage et au buste d'homme, au corps de cheval.

Constellation
Groupement d'étoiles dans le ciel, souvent nommé d'après des animaux, des objets ou des héros de la mythologie.

Cyclope
Dans la mythologie grecque, géant forgeron n'ayant qu'un œil au milieu du front.

Cymbales
Petit instrument de musique à percussion fait de deux disques de métal que l'on frappe l'un contre l'autre.

Courtisan
Personnage qui fait partie de la cour d'un souverain, qui vit à proximité de lui.

Détroit
Bras de mer resserré entre deux terres. Le détroit de Gibraltar sépare l'Europe de l'Afrique.

Enfers
Pour les Grecs, les Enfers étaient le séjour des morts, qu'ils aient été bons ou méchants de leur vivant. Le dieu Hadès régnait sur les Enfers.

Entraver
Attacher au moyen de liens, de cordes. Une fois entravé, un animal sauvage ne peut plus s'enfuir.

Épopée
Récit poétique en vers ou en prose, qui raconte les exploits d'un héros. Souvent, le merveilleux et le fantastique interviennent dans une épopée.

Expier
Réparer une faute ou un crime en subissant une punition.

Festoyer
Signifie prendre part à un festin, participer à un banquet où l'on mange et l'on boit beaucoup.

Figure de proue
Grande sculpture décorative en bois qui ornait l'avant des navires.

Forgeron
Artisan qui façonne les métaux sur sa forge. Pour les Grecs, Héphaïstos était le dieu des forgerons.

Harpie
Dans la mythologie grecque, monstre fabuleux à tête de femme et à corps d'oiseau.

Héritier
Individu qui est appelé à recueillir une succession. On peut hériter de biens (une fortune) ou d'une fonction comme la royauté.

Hospitalité
Action de recevoir et d'héberger quelqu'un chez soi par charité, bienveillance ou amitié.

Immortel
Se dit d'une personne qui n'est pas destinée à mourir. Dans la mythologie grecque, les dieux étaient bien sûr immortels.

Intrus
Individu qui s'introduit quelque part sans y avoir été invité. Les compagnons d'Ulysse font intrusion chez le cyclope Polyphème.

Invulnérable
Se dit d'une personne qui ne peut être blessée. Souvent, l'invulnérabilité provient d'un philtre magique ou est accordée par une divinité.

Linceul
Grande pièce de tissu dans laquelle on enveloppe un mort avant de l'enterrer ou de l'incinérer.

Lyre
Instrument de musique à cordes pincées, très fréquent dans l'Antiquité. La lyre était l'un des symboles des poètes et de la poésie.

Néréides
Divinités marines grecques, filles de Nérée. Au nombre de cinquante, les Néréides venaient en aide aux marins.

Nymphe
Divinité féminine représentée sous les traits d'une jeune fille et personnifiant différents aspects de la nature. Il existait des nymphes des eaux, des forêts, des montagnes...

Olympe
Massif montagneux au nord de la Grèce. Dans la mythologie, c'est sur l'Olympe que les dieux ont établi leur résidence.

Oracle
Réponse d'une divinité au fidèle qui la consulte et lui pose une question. Souvent, l'oracle annonce ce qui va survenir, il prédit l'avenir.

Pèlerin
Personne qui fait un voyage pour honorer un lieu, un culte, une relique ou la présence d'une divinité.

Prophétie
Prédiction d'un événement futur, énoncée par un prophète ou un oracle.

Sacrifice
Offrande à une divinité. Les Grecs sacrifiaient de nombreux animaux à leurs dieux. De rares épisodes de la mythologie mentionnent des sacrifices humains.

Sirène
Démon marin femelle représenté par les Grecs sous forme d'oiseau à tête et poitrine de femme. Les sirènes charmaient les marins par leurs chants et provoquaient des naufrages.

Titans
Divinités grecques primitives qui gouvernaient le monde avant Zeus et les dieux olympiens. Atlas est l'un des Titans.

Toison
Laine d'un mouton. La Toison d'Or était celle d'un bélier merveilleux de Colchide. Sa conquête est à l'origine des aventures de Jason et des Argonautes.

Trêve
Cessation temporaire des combats pendant une guerre.

Usurper
S'approprier par la ruse ou par la violence un droit ou un bien qui appartient à autrui. Dans la mythologie, quelques rois sont des usurpateurs.

Index général

L

M

N

O

P

R

S

T

U

Z